サリ

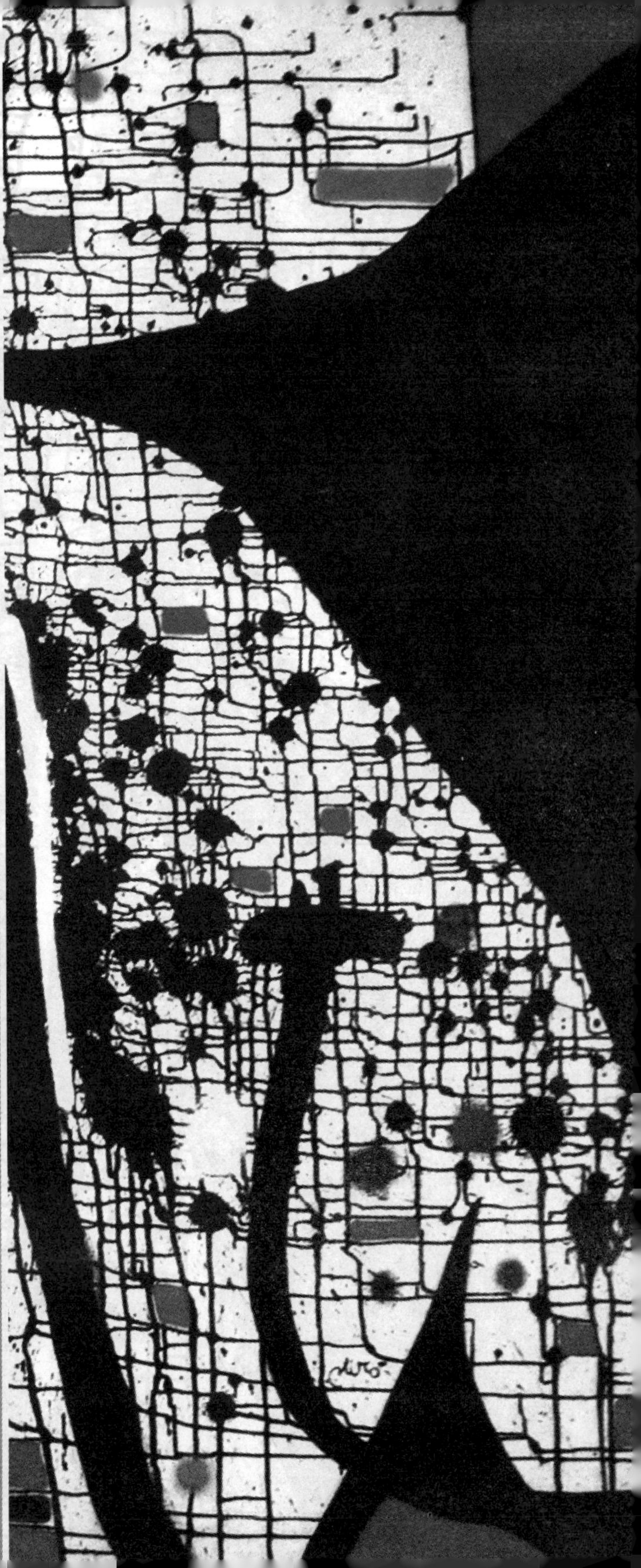

有效的疗法

认知行为治疗丛书

主　编　王建平

副主编　张　宁　孙宏伟

戒除酗酒或嗜药的有效康复策略

自助手册

Overcoming Your Alcohol or Drug Problem

Effective Recovery Strategies (2nd Edition)

[美] 丹尼斯·C·戴利（Dennis C. Daley）

G·阿兰·马拉特（G. Alan Marlatt）　著

黄　云　陈　伶　译

陈　瑜　张　宁　审校

中国人民大学出版社

·北　京·

Overcoming Your Alcohol or Drug Problem: Effective Recovery Strategies, Therapist Guide, Second edition by Dennis C. Daley, G. Alan Marlatt
ISBN: 9780195307733

Overcoming Your Alcohol or Drug Problem: Effective Recovery Strategies, Workbook, Second edition by Dennis C. Daley, G. Alan Marlatt
ISBN: 9780195307740

Overcoming Your Alcohol or Drug Problem: Effective Recovery Strategies, Therapist Guide & Workbook, Second edition was originally published in English in 2006. This translation is published by arrangement with Oxford University Press.

目 录

CONTENTS

第一篇　物质使用问题概述与评估

第二篇　改变及策略

第三篇　预防复发及进度管理

第一篇

物质使用问题概述与评估

1

第一章
自助手册的介绍与安排

目标

- 了解物质使用问题的特点
- 了解在配合监督性治疗或咨询时使用本手册的益处
- 了解保存记录以及完成康复工作表的重要性

介绍和概观

本自助手册提供实用可行的信息和技能来帮助你了解并且改变酒精、烟草、大麻、古柯碱、药丸或海洛因等其他药物的使用问题。它主要用于治疗或评估，而且会帮助你把重心集中于特定的事件问题，如停止物质使用，以及改变那些促使你物质滥用的行为和生活方式。这本自助手册中的信息都来源于物质使用治疗的研究，以及我们多年来与那些有酒精、烟草和其他药物问题的来访者一起工作的经历，它讨论了最有效的而且最有帮助的康复方法以及改变策略，包括认知—行为治疗的研究、应对技能训练、12 步骤评估和复发预防。这些研究集中于改变信念、思想、关系和行为，以及学习“技能”帮助你保持冷静并改变你的生活。

你的改变计划应与你的需要和问题相对应。没有任何一种康复计划适用于每个人。本自助手册将会帮助你与治疗师或咨询师共同制定出你个人的康复计划。

在自助手册中，我们提供给读者很多信息，这些信息是关于物质使用、康复过程、复发过程、有效的专业治疗类型和自助团体的。当我们谈起“物质使用问题”的时候，我们此处是指酒精、烟草或其他类型药物的使用问题。虽然在不同的物质使用问题中存在差异，但也有许多相似之处。因此，自助手册中讨论的康复策略适用于各种类型的物质使用相关问题。本书的主要目标是要激励你去制定并实施个人改变计划来帮助你达成最大治疗益处，还有就是让你学会使用有效的策略或技能来应对当物质使用停止后产生的最常见的问题和挑战。

本自助手册包含下列主题：

- 认识到你的物质使用问题和它的后果
- 选择合适的治疗环境
- 控制渴求
- 控制使用酒精或药品的念头
- 处理负面情绪（愤怒、烦躁、抑郁等）
- 拒绝他人提供的成瘾物质
- 处理家庭和人际冲突
- 构建一个康复支持系统
- 识别与处理复发信号和高危因素
- 复发的管理
- 平衡你的生活
- 评估你的进展
- 处理共病精神障碍

物质使用问题的定义以及患病率

物质使用问题是指当你使用酒精、烟草或其他的药物（包括违法的街头药品，或者如止痛药或镇静剂等处方药）的时候你遇到的各种类型的麻烦。这种麻烦可能存在于你生活中的任何一个方面：医学的或身体的、心理的、家庭的、人际关系的、社交的、学业的、职业的、法律的、财务的或心灵的等。

当你的物质使用问题符合《精神疾病诊断与统计手册》（DSM-Ⅳ-TR）中的特定标准时，物质滥用和物质依赖将作为临床诊断。

当你的成瘾物质使用导致显著的损伤和痛苦，并且在 1 年时间内符合下列 1 项或多项标准时，可以诊断为物质滥用。

- 反复使用酒精或其他药物，致使你难以承担在工作、学校或者家庭中的主要责任；
- 在它们会对你的身体产生危害的情况下喝酒或使用药物；
- 使用导致法律问题；
- 即使他们正在导致你生活中的社会或人际关系问题，你仍继续喝酒或者服用药物。

当符合下列 3 个或更多标准时，可以诊断为物质依赖：

- 对酒精或药物耐受性增加（需要更多的量来获得快感或达到使用酒精或其他药物的预期效果）；
- 对酒精或药物耐受性减少（比过去加量即产生作用）；
- 当减少或停止使用酒精或药物的时候，出现戒断症状；
- 不断使用成瘾物质以避免戒断症状；
- 对于使用的量以及间隔失去了控制；
- 难以减少或控制成瘾物质的使用；
- 大量时间用于使用以及获得成瘾物质；
- 因为你的成瘾物质滥用导致的社会、工作或娱乐方面的问题；
- 尽管成瘾物质滥用会导致的负面影响仍继续使用。

滥用和依赖的主要区别在于后者有更多的症状和负面影响，并且通常有生理症状，例如耐受改变或戒断症状。下一章将对滥用和依赖的每种症状进行列表举例了，这样你就能知道目前有哪些症状。

尽管滥用并导致躯体或精神依赖的成瘾物质多种多样，但最常见的滥用物质是酒精、烟草、大麻和可卡因。全美国有近 14%的成人有酒精滥用或依赖问题，超过 6%的人有药物滥用或依赖问题。美国的大多数吸烟者可能都有烟草依赖，很多人甚至有两种或更多的成瘾。

成瘾物质使用问题的原因

酒精或药物问题的原因不是单一的。这些问题是由一系列不同的生物、心理和社会或环境因素引起的。这些因素对于每个个体都是不同的。

生物因素

酒精问题表现为家族性，所以某些个体被认为对于酗酒问题具有遗传性倾向。记住：目前没有证实存在酒精或药物依赖的特定基因。然而，脑部化学物质和代谢的不同可能增加了发生酒精或其他物质依赖的可能性。科学家认为，成瘾物质作用于中脑多巴胺代谢通路或者“犒赏”通路。这种道路是脑部产生进食、性以及社交活动快乐的部分。随着成瘾程度的进展，大脑被成瘾物质“劫持”，结果导致成瘾患者更多地依赖成瘾物质而不是自然的奖赏来获得快乐感。即使成瘾物质导致很多问题，当成瘾病人吸食酒精或药物时，它仍会得到进一步强化。有的成瘾病人还形成了对酒精或其他药物的耐受性，需要增加酒精或药物的量来获得需要的效果。与没有成瘾或依赖的人相比，他们的身体似乎“需要”或“想要”成瘾物质。

心理因素

成瘾物质通常用于减少焦虑或紧张，用于放松，用于对付其他不良感觉，或用于逃避。对于某些人，当他们越来越习惯于使用酒精、烟草或其他成瘾物质来恢复正常时，终将导致成瘾物质滥用或依赖。有部分人有特定的个性特质，这种特质使他们更易于滥用容易成瘾物质。还有人有精神障碍，会增加他们形成成瘾物质问题的易感性。

社会或环境因素

我们生活的家庭或者社会环境对我们绝大部分行为，包括成瘾物质使用都有影响。一个人使用或不使用成瘾物质受到以下情况影响：成瘾物质的可获得性、同伴的压力、同伴的支持、对滥用物质的角色榜样的观察（例如父母），以及从社区或更广泛的文化中习得的价值观或规范。

多重因素

很可能不是单一因素而是多因素的结合导致你形成成瘾物质问题。在成瘾或依赖事例中，导致你初次使用成瘾物质的原因可能与你继续使用的完全不同。对于一部分人来说，生理因素可能是最主要原因，而另一些人心理、社会因素的作用更强。确认导致你成瘾物质使用的各种因素能对你的康复有所帮助。

本书的益处

本书有诸多益处，尤其在配合专业的治疗和咨询时。首先，它能帮助你掌握更多关于成瘾物质使用问题及康复的知识。比如说，掌握康复的过程，使你更加自如地应付你有可能经历的困难；其次，本书将帮助你了解你的酒精、烟草或其他药物的成瘾问题，并认识到它们已经如何影响你以及你周围人的生活；再次，它将帮助你学会特殊的技能来应对康复过程中碰到的挑战和具体困难；最后，它将帮助你降低未来复发的危险。通过康复疗程，你能在生理、情绪或心灵健康方面，家庭或社会关系方面，工作或学习能力方面，以及财务状况等方面受益。此外，还有很多潜在的短期以及长期的康复益处。

在你的治疗过程中使用本书的小窍门

本书需要患者与治疗师配合使用。你应该向你的治疗师或咨询师寻求帮助来选择治疗的主题和程序。你程序的选择应基于你的成瘾物质使用问题以及你所处的康复疗程的阶段。如果你有关于本书的以下问题：本书提供的信息的含义，它怎样与你的情况建立关系以及如何使用它来帮助你的恢复等，请询问你的治疗师。如果你尝试了使用一些书中推荐的改变策略并发现它们对你不起作用，与你的治疗师一起讨论为什么这些策略没有帮助以及你是否需要寻找其他策略。即使你对书中内容有不同意见，你将发现与你的治疗师讨论你对本书的反应及想法是有帮助的。

无论你进行个体治疗、团体治疗，还是两者兼有，本书都能使用。在你面对你的成瘾问题时，以一种开放、真诚、现实以及遵循的态度进行康复而不是逃避将帮助你取得最大的进步。

当你处于成瘾状态时，彻底戒断通常是治疗的最合适的目标。然而，有些人在同意戒断之前，他们已经开始从“减害”过程中获益。减害是指成瘾物质使用的量和频率减少，因此负面的后果比如医疗、家庭、工作或者法律问题也会减少。但如果你已经成瘾且不完全戒断，严重的后果甚至死亡的危险始终存在。

保持记录以及完成康复工作表的重要性

贯穿全书，你将被要求完成关于康复的各个方面的记录以及表格。这样的安排有以下目的。

1. 帮助你根据自己的状况将信息进行个人化分类。如果你能将它与你的个人环境相联系，书中的信息将起到最大的作用。

2. 帮助你认识到康复过程以及思维、感受和行为间的关系的各个方面。我们使用的是生物—心理—社会模型，即强调康复过程的生物、心理、社会以及心灵方面对于你的好转和继续治疗都很重要。

3. 帮助你认识你的成瘾的内部和外部诱因并制定应对策略。

4. 时刻提醒你需要在停止酒精和药物使用过程中扮演积极的角色，并学会积极应对恢复过程中出现的问题。

5. 帮助你实施康复改变技术，并在生活中练习运用。

6. 帮助你记录下出现的问题以及改变带来的成功，记录下成功的轨迹以使自己有一个全盘印象，总结经验面向未来。

7. 帮助你以系统、有结构的方式进行治疗。因为在治疗的每个阶段，你始终努力于重要的康复问题，这样能帮助你从治疗中获得最大的益处。

这本互动的手册能够作为你个人记事本用来跟踪记录你控制成瘾问题中的重要事件。只要你需要，你都可以重读本书的各章来帮助你制定、修正你的改变计划。在你完成专业治疗后，本手册能够给你一些提醒。经过一段时间，你可以回顾本书，并把你学到的处理康复过程中的问题和要求的新方法加入到本书中来。

第二章 认识你的物质使用相关问题

目标

- 掌握物质使用问题的不同类别和症状
- 评估你物质使用问题的严重性

物质使用问题的分类

美国精神病协会将物质使用问题分为很多不同类别。包括以下几种：

- 中毒
- 戒断综合征
- 物质滥用
- 物质依赖
- 物质所致的心境、焦虑及精神病性障碍和人格障碍

正如你在下节将看到的，每一类别下都有各自的一组症状群。物质使用问题的影响可由轻、中到重度或威胁生命。在你阅读完本章后，完成自我评估表。

中毒和戒断综合征

中毒是指在酒精或其他药物的影响下“醉酒”“酩酊”“喝多了”，它包括生理指征如酒精或安眠药、催眠药引起的说话含糊和共济失调，可卡因或其他兴奋剂导致的血压升高，鸦片引起的困倦或说话含糊。中毒也包括精神或行为改变如攻击性、易激惹、注意力缺失、情绪紊乱。中毒影响人的判断力并在某些情况下导致严重行为的发生，比如对他人施行暴力、意外伤害或者自杀未遂。

戒断综合征的症状通常由停止或减少产生生理依赖的物质的使用引起，比如酒精、海洛因。戒断综合征的具体症状将在第十五章讨论（同时也提及了物质滥用问题治疗中的药物使用）。

物质滥用的症状

如果你的成瘾物质使用问题没有达到依赖的标准（见下节成瘾物质依赖标准），但对你的生活造成了损害或苦恼，你的问题就属于物质滥用。随着时间的推移，通常但并不是所有时间，滥用会进一步变为依赖问题。在 12 个月内，如果你符合后面列出的四项标准中的一项或多项，可以诊断为物质滥用。当你阅读这些标准时，注意你是否具有这些项目表现，并在合适的方框中打钩。

案例

Randy（酗酒）

Randy，41 岁，已婚，是两个孩子的父亲，有着 16 年的酗酒史。他经营着一家小公司，有 4 名雇员。Randy 15 岁第一次喝酒，17 岁第一次喝醉。他在 30 岁之前饮酒一直适度，此后他增加了饮酒频率和饮酒量，从每月喝几次到每周末喝六杯多啤酒，并且在工作日偶尔喝酒，每次喝四杯多啤酒。在过去的一年半里，Randy 有好几个周末都去饮酒作乐直至宿醉，导致他没去工作并且不如以前那样关心事业。由于他酗酒并且在周末不陪妻子和家人，他妻子开始和他吵架。在周末，Randy 去潜在客户那里做完调查后，经常逗留在当地的酒吧和俱乐部与朋友一起喝酒。

Jenny（大麻滥用）

Jenny 是一名 17 岁的高中高年级学生，她每月使用数次大麻。在过去的几个月，她的使用量增加，并且在吸食大麻的同时她常常饮酒以获得更大的快感。Jenny 曾经吸食大麻获得欣快感后开车，并且她热衷于聚会导致她的成绩下降以及与她父母的争吵。在醉酒后，她与聚会时遇到的男孩发生了性关系，并没有采取安全措施，使得 Jenny 患上了性病。

物质滥用标准

标准 1：不能履行主要义务

难以履行在工作、学校或者家庭中的义务。例如：在学校或工作中多次缺席或表现不良，留校察看或开除，忽视孩子和家庭责任。

标准 2：在危险的情况下使用

在有身体危险的情况下使用，例如，在成瘾物质导致损害时开车或操作机器。

标准 3：法律问题

经常出现与成瘾物质相关的法律问题。例如：因为不当行为以及在饮酒或吸毒后驾车而被捕。

标准 4：在出现问题后仍继续使用

有很多人因为成瘾物质的使用导致社会及人际关系恶化，例如婚姻冲突和暴力。

写出你选择“是”的症状的个数________。

物质依赖

关于物质依赖，DSM-Ⅳ-TR给出了7个标准。描述的症状是物质使用者问题行为模式的一部分，会导致明显的损害和痛苦。在12个月内，符合7项标准中的3项或以上即可诊断为物质依赖。当你阅读这些标准和案例时，注意你是否有过这些经历，并在合适的方框中打钩。

记住，你可能没有生理依赖但却符合依赖的标准。如果你在12个月内符合3项或3项以上的条目，就存在物质依赖。依赖不应该被看成你要么有要么没有。事实上，依赖程度可以分为很多等级。就像身体疾病如糖尿病、哮喘或肿瘤，精神疾病如抑郁症、焦虑一样，依赖严重程度可以从轻微到极度严重不等。本章结尾处的自评表可以帮助你评估你的成瘾问题的严重程度。同时，本章以及下一章的案例也清楚地描述了物质使用从轻微到威胁生命对不同的人产生的不同影响。

物质依赖标准

标准1（a）：耐受性增加 □是 □否

需要更多的成瘾物质来获得需要的效果，例如：

1. 过去John喝2～3杯酒就能获得快感，现在他通常需要6杯或6杯以上。

2. Wanda过去每天服用两片安定已经对她不起作用了，她现在服用6片并且常服用其他镇静药以及喝酒。

标准1（b）：效果降低 □是 □否

在持续使用相同量的成瘾物质时，感觉效果降低。例如：

1. Delinda过去每天喝1品脱或更多的酒来获得“兴奋感”。现在，当她喝同样的量时，她获得的“兴奋感”不如以往。

2. Alphonso过去经常使用大量的阿片类药物、酒精和镇静药。目前，当他使用同样的量时，他感觉不到快感。

标准 2（a）：戒断反应 □是 □否

当停止使用成瘾物质或减少使用量时，遭遇一些特殊的戒断症状。例如：

1. 当 Michelle 戒酒后，她有恶心、焦虑以及震颤症状。

2. 当 Russ 停止注射海洛因或其他药品后，出现胃痉挛、腹泻、流涕以及小皮疹等症状。

标准 2（b）：使用成瘾物质来避免出现戒断反应 □是 □否

继续使用成瘾物质，以及类似的化学物质（如用安眠药代替酒精），或睁眼后立即使用来避免出现戒断症状。例如：

1. Betty 因为担心如果她体内没有镇静药物会发生症状而一直服用镇静药物。

2. Dean 每天早上都在他的咖啡里加少量威士忌来抑制他的战抖，使他平静，这样他才能去工作。午餐时，他少量饮酒以使自己能坚持到下班，下班后他会无节制地大量喝酒。

标准 3：失去控制 □是 □否

使用的酒精或药物的量或时间超出了预期。例如：

1. Ron 买了 1 盎司大麻，并计划使用几个月，但在不到一周内就吸食光了。

2. Lisa 一直提醒自己在每周末的聚会上只喝少量酒，但她总是喝醉了。

标准 4：无法减少或控制使用 □是 □否

试图减少使用但只坚持了很短的时间；试图戒断，但不久又再次使用。例如：

1. Dennis 在过去的几年至少尝试了 10 次戒烟，时间从数天到 3 个月不等，但他总是又重新吸烟。

2. Liz 在拿到支票后会买 10 包可卡因，并提醒自己不要吸食过量。然而，她总是用所有的钱买更多可卡因。更频繁地吸食，直到用光所有的钱和药品。

标准 5：过度关注和强迫欲望 □是 □否

花费大量的时间来获得成瘾物质，摄入成瘾物质，或摆脱它们的影响。例如：

1. 作为一家大医院的护士，Sandy 在工作时将很多的时间用于想方设法窃取麻醉药来维持她的成瘾。

2. Stephen 安排自己的工作时间使得能在几个节点时吸食可卡因。当然，到了周末，基本上全部时间都用来吸毒以获得快感。

标准 6：心理、社会损害 □是 □否

因为成瘾问题，放弃或失去了社会、职业或娱乐等方面的活动。例如：

1. 因为酗酒而旷工，Melissa 已经失去了两份工作。此外，她也不再游泳、打网球了。

2. Leonard 曾经是一位明星运动员，有着很有前途的大学生涯。然而因为他三次被检测出药品阳性而被橄榄球队开除，同时，他也失去了他的奖学金并被学校除名。

标准 7：不顾消极后果继续使用成瘾物质 □是 □否

即使知道因为成瘾，随时会发生身体、精神、家庭或者其他方面的问题，仍然继续使用成瘾物质。例如：

1. 尽管医生警告了 Don 因为多年过量酗酒他的肝脏已经受损，但他继续喝酒。

2. 尽管患有慢性呼吸性疾病，Roberta 不顾医生戒烟的建议，仍然每天吸两包以上香烟。

写出你选择“是”的症状的个数________。

案例

Nicole（烟草和酒精依赖）

Nicole，55 岁，离异，有两个成年孩子，是 5 个孩子的祖母。她有 30 年的酒精依赖史。她每天都喝酒，在她酗酒最厉害的时候，一次能喝掉一箱啤酒。多年来，她的酒精耐受性非常高。然而最近几年，她的耐受性下降了。她也经历过戒断性震颤，并且常常在早晨喝酒以消除震颤。她的酗酒导致了很多问题，比如严重的家庭矛盾，对她的孩子来说她不是个合格的母亲，还有财产问题、抑郁、自杀倾向，以及难以维持一份工作

等。Nicole 曾经戒断过一年并且她的生活有了一些好转。她现在想讨论她的尼古丁依赖问题。一直以来，她每天吸两到三包香烟。Nicole 说她的尼古丁依赖给她带来了很多问题，走远路或者上楼时她会感到呼吸困难；她对很多小病的易感性增加；因为吸烟，她和她的一个儿子发生过激烈的争吵，她的这个儿子不愿意带他的孩子来她的充满烟雾的房间里看望她；并且吸烟花费了她有限的收入中的很大部分。

Steve（鸦片依赖和多重药品滥用）

Steve，36 岁，是一个离异的内科医生，他在高中时就开始喝酒和吸食大麻。在读大学和医学院期间，他的摄入量有所增加。但由于他天资聪明，仍然取得了优异的成绩。在见习期后的一段时间，他开始偶尔吸食海洛因和可卡因。在加入一个医疗机构后他仍然保持这种行为。过去的几年里，Steve 每天都用止痛药。他也开始静脉注射海洛因，同时也离不开鸦片。Steve 用了若干种其他药品来减轻他的焦虑、失眠以及压力。然而药品最终成了他生活的主要组成部分。在被强制治疗之前，他的药品依赖导致他的婚姻破裂。为了继续行医，他被州立监督机构要求戒绝酒精和所有违禁药品，参加治疗，并且周期性提交尿样来检验他是否戒毒成功。

物质所致的心境障碍、焦虑障碍以及精神病性障碍、人格障碍

酒精以及其他成瘾物质对于中枢神经系统的影响会导致物质所致的心境障碍、焦虑障碍以及精神病性障碍、人格障碍。它的本质含义是：这些症状看起来像精神疾病，但随着酒精或其他物质的持续戒断，它们会消失。这就是为什么需要数周甚至更长的时间，来判断抑郁或焦虑症状是独立的精神疾病，还是因为长期的成瘾物质使用所致的。举例来说，在每天吸食可卡因数周后，Matt 感到极度的抑郁并想自杀。然而，停止吸食可卡因一周并参加恢复方案后，他的情绪得到明显改善。另一

方面，Shannon 停止了喝酒和服用镇静剂，然而，她戒断的时间越长，她越感到焦虑和抑郁。很明显，Shannon 除了有成瘾物质依赖之外还患有精神疾病。酒精和镇静剂的使用是她通过"自我治疗"应对她的那些症状的方式。

家庭作业

✎ 完成个人评估表

个人评估表

指导语： 在回顾了你的物质使用模式和结果之后，请给你当前存在的问题的严重程度打分。然后给你当前戒除物质使用的动机水平和保持戒除的自信水平打分。

问题的严重程度

1——2——3——4——5——⑥——7

轻度　中度　重度　非常严重

戒除物质使用的动机水平

1——2——3——4——⑤——6——7

完全不想　有点想　很想　非常想

对自己保持戒除能力的自信水平

1——2——3——④——5——6——7

没有自信　有点自信　很有自信　非常自信

第三章 认识物质使用的后果

目标

- 掌握物质使用的后果以及它对你周围人的影响
- 认识成瘾物质滥用或依赖导致的问题

有害后果

成瘾物质使用会直接或间接地导致生活中各个方面的问题。物质使用增加了医疗、精神、心理、家庭和经济等方面问题的风险。问题的严重性从轻微到有生命危险与依赖不等。有时候这种影响是潜在或轻微的。比如说，一名酒精依赖的当事者最初认为饮酒并不会影响她的工作。然而，通过近距离观察饮酒对她工作的影响，她发现当她喝酒严重时她有效工作时间减少了约15%。一个吸烟的三个孩子的父亲一开始认为他的孩子们不会太关注他的吸烟问题，直到孩子们告诉他，他们伤心、担忧、生气，并感觉父亲在欺骗他们，把他们置于烟草的危害中。

意识到物质使用问题对家庭的影响

酒精和药物成瘾问题常常对家庭有负面影响。家庭关系的破裂通常是由于分离、离婚或者儿童福利机构的介入。家庭成员被疏忽，在某些情况下，甚至他们的生活基本需要如食品、住所和衣物都被忽视。家庭经济负担巨大，原因是将家庭收入用于药物或酒精成瘾问题导致的工作收入减少、法律、医药以及精神治疗问题相关的花费。家庭成员也有一种情绪负担。愤怒、恐惧、担心、不信任以及压抑等都是常见的。酒精及其他药物的滥用通常与疏忽、虐待或者暴力相关联。物质滥用使得父母、配偶难以尽到各自的责任，这样就导致了家庭关系的问题。并且由于与物质滥用有关的遗传基因疾病诱因，那些父母有成瘾问题的孩子和其他孩子相比易于发生成物质滥用问题。因此，这些孩子需要得到足够的帮助以防止发生物质滥用。

物质使用相关问题

表 3.1 总结了最常见的物质滥用及依赖导致的相关问题，这是基于我们的临床诊疗总结经验并发表于国立卫生研究所近期的刊物上。正如你看到的，这些问题存在于各个方面。看完这张表后请你阅读下面的案例并完成本章结束处的不良影响表。

家庭作业

✎ 完成自评表

表 3.1　成瘾物质滥用相关问题

医疗和健康：车祸；受伤；缺乏营养；肥胖或瘦弱；个人卫生差；口腔卫生差；肝脏、心脏、肾脏或肺疾病的高风险；口腔癌或喉癌；胃炎；水肿；高血压；性功能障碍；月经期并发症，怀孕，分娩；性传播疾病、HIV 或 AIDS 的高风险；过早地死亡。

情绪：焦虑；惊恐反应；抑郁；情绪不稳定；精神病；愤怒或暴怒感；自杀想法、倾向或行为；难以预料的行为；攻击；暴力；自残；羞愧或自罪感；低自尊。

工作或学校：表现差；失去工作或辍学；旷工或旷课；不可靠或低效；兴趣丧失；职业生涯被毁；机会丧失。

家庭： 由于分离、离婚或者儿童福利机构的介入导致家庭关系的丧失；家庭的痛苦和矛盾；家庭关系受损；家庭的情绪负担（愤怒、受伤感、不信任、害怕、担忧、抑郁）；缺乏交流；物质滥用问题对孩子的持久影响。

人际关系： 朋友关系丧失或受损；人际矛盾和冲突；与重要人物间失去信任或尊重。

娱乐： 重要的业余爱好、嗜好或其他休闲活动的兴趣减小甚至丧失。

法律： 罚款；法律限制；逮捕；获罪；监狱关押；缓刑或假释。

经济： 失去收入；过多债务；不能承担或忽视财务责任；失去房产或居住公寓；不能处理食物或住所等基本需要；用光所有的财产、资源；不能赚钱。

案例

下面的案例描写了 3 位寻求治疗的酒精或其他药物成瘾者，这些案例清楚地描述了在有酒精或药物问题的个体之间，成瘾问题的实际影响以及戒断的动机水平有显著的不同。

Tracy（轻度影响）

Tracy，28 岁，已婚，两个孩子的母亲，有工作，有 6 年的酒精和大麻滥用史。Tracy 身体状况良好，成瘾物质使用没有给她造成重要问题。然而，她报告偶尔一次醉酒可能导致她与丈夫的争吵，她为此感到内疚，因为她为自己和家庭带来了困扰。Tracy 也曾在吸食大麻后发生了一场小车祸。她不希望事情变得更糟，她有相当强的意愿停止喝酒和吸食大麻。

Don（中度影响）

Don，49 岁，大学教授，已婚，有两个成年的孩子。他有超过 10 年的饮酒问题，曾经两次成功戒酒，使他有几年保持清醒。在 30 个月持续的戒除后，他最近故态复发。尽管他被他工作的大学终身聘用，但他仍然有戒酒的压力，因为他最近一次狂欢影响了他教学的能力，他所在部门的教导主任对他施加压力，要求他再次寻求专业帮助。Don 承认，他的妻子非常担心他，并且为他感到伤心，他的孩子也对他的故态复发感到失望。几年来一直做得很好，而再次治疗使他觉得自己是有罪的、耻辱的。Don 最近一次故态复发也是抑郁发作的一个因素。Don 重新恢复正常的动机非常高。

George（重度影响）

George，41 岁，失业，离婚，3 个孩子的父亲，有 23 年的酒精和海洛因依赖、烟草依赖以及高纯度可卡因滥用历史。他的妻子离开他已经超过 15 年，当时他因盗窃被逮捕入狱。那时，他为了支付每日昂贵的海洛因的费用而犯罪。尽管他在过去 11 年中并没有使用任何一种麻醉剂药物，但是他的饮酒量猛增。近来，他也开始使用高纯度可卡因。他声称，他的成瘾导致了他的生活出现许多严重的问题，包括失去了一些重要的女性朋友；成为抢劫犯罪的牺牲品，至少三次受到暴打；多次被逐出公寓，使他无家可归；营养不良，导致体重减轻，口腔问题和身体虚弱；过量饮酒造成了胃炎、痛风；过量吸烟引起了慢性阻塞性肺病；多次失业和工作能力下降。他多次因为醉酒和销售药品被捕。George 已经几次入狱了，四次因为酒精综合征住院，两次因为吸食高纯度可卡因出现自杀意念而被送入精神病院住院，在医院和救世军戒毒中心接受了超过 20 次的戒毒治疗，至少四次接受成瘾康复项目和中途之家项目。虽然他曾经有超过两年时间持续戒断，而最近五年来，他保持戒断的最长时间是 3 个月。George 戒酒的意愿不断变化，有时强，有时弱。尽管成瘾问题严重，目前，他仅仅表示“有一点”想停止酗酒。

家庭作业

✎ 完成不良影响表

不良影响表

因物质使用导致或恶化的问题

指导语：在下面列出你认为是由于你这几年中饮酒、吸烟或物质使用所导致或加重的问题。然后将这八类从最严重到最不严重排序，用“1”表示最为严重的问题种类。

医疗或躯体或口腔______________________________
______ ______________________________

心理或情绪______________________________
______ ______________________________

工作或学校 ______________________________
______ ______________________________

家庭 ______________________________
______ ______________________________

人际关系 ______________________________
______ ______________________________

娱乐 ______________________________
______ ______________________________

法律 ______________________________
______ ______________________________

经济 ______________________________
______ ______________________________

第二篇

改变及策略

2

第四章

物质使用问题的治疗方案

目标

- 了解不同水平物质使用的专业治疗方法
- 与治疗师或咨询师亲密合作，明确你的特定目标和达成目标要采取的步骤

介绍

你应该尽可能采用限制水平最低的专业治疗方案，除非你有严重的医学并发症，比如肝病、胃炎或者严重的精神科并发症例如自杀倾向、持续抑郁或者偏执。美国成瘾医学协会（ASAM）以一个逐步递进的方式列举了酒精和药物成瘾问题的治疗水平等级。下面就是ASAM等级，限制程度由低到高：

- 等级1：门诊治疗
- 等级2：集中门诊治疗和日间医疗
- 等级3：医学监控下的集中住院治疗（社区）
- 等级4：医学管理下的集中住院治疗（医院）

下文描述了不同形式的治疗方案，并为每种方案的适用情况提供了指征。你考虑的关于治疗方案的任何问题都应该与你的治疗师或者具备相关知识的健康专业工作者讨论。如果你尝试最低等级的治疗方案，结果发现你不能够形成并坚持戒断酒精或药物成瘾，你应该考虑更高等级的治疗方案并与你的治疗师或咨询师商量。

门诊和出院后治疗方案（等级 1）

这个进程的持续时间从数周到几个月甚至更长不等。它可能在药物治疗或住院治疗之前或之后或者单独进行。它的目的是帮助人们达到并保持戒断或减少有害物质的使用，同时做出个人改变使复发概率最小化。根据不同的情况，它能提供个人、团体、家庭治疗、医药治疗以及其他辅助治疗。门诊治疗最适合以下情况：你没有发生戒断并发症的危险，生理心理状态相对稳定，治疗依从性良好，有少量的支持即可以维持戒断以及有一个有助于康复的环境。门诊治疗同样也能帮助你应付暂时的环境压力。

非社区的成瘾康复治疗方案（等级 2）

这个短期（2～6 周）治疗方案包括集中门诊以及日间医疗。这些方案适合于那些不需要疗养所或医院环境和监督的人，主要是对患者进行成瘾及恢复的教育和治疗，它通常作为疗养所或医院住院治疗后的下一步治疗方案，或者当门诊治疗不能帮助患者达到或保持戒断时，它作为更进一步的治疗方案。这个方案对于以下情况适用：当你有轻微的戒断并发症；没有严重的躯体疾病；对于康复有足够的承受力；需要规范的治疗方案，没有密切的控制和支持就可能复发；缺乏支持环境。

住院和社区康复方案（等级 3～4）

这包括基于医院的和不基于医院的疗养院治疗方案。一旦某个人符合方案的标准，他或她将被纳入治疗过程中来。其他人将根据成瘾的类型和严重程度、性别、家庭地位或者民族详细分类并归属不同的群体。下面将简要描述住院治疗方案。

短程成瘾康复方案

传统的 28 天康复治疗方案已经有了较大的改变。现在绝大多数方案的持续时间不等，很多来访者只需要不到 14 天的治疗。除非你有严重的躯体或精神问题，不基于医院的康复治疗是首选。如果你通过初级的治疗比如门诊、强化门诊或者日间治疗不能达到并保持戒断，那么我们推荐成瘾康复治疗方案。它也适用于你的成瘾情况严重到需要一段时间的规范的疗养院治疗，来打断你的成瘾恶性循环状况，同时帮助激励你建立恢复的基础。对于以下情况，康复治疗方案同样适用，即你有较高的复发潜在风险，你的周围环境对于恢复存在威胁，或者你不能进行门诊康复治疗。尽管也用于戒烟或对希望在戒断其他成瘾物质的同时戒烟的患者给予帮助，但康复治疗方案主要针对酒精和麻醉品而非烟草。

长程成瘾康复方案

如果你成瘾问题严重并且生活困难（比如，缺乏社会支持、没有职业技能、多次复发史、严重的法律问题等），你可能需要一个长程的方案。这个方案通过指出随时间推移你需要改变的生活方式和个性特征能帮助你坚持戒断。长程治疗方案包括社区治疗、戒毒中心和针对不同群体的特异方案，比如男性、女性、有孩子的妇女、特殊种族群体、由成瘾问题导致的犯罪人员等。目前方案的趋势还是短期治疗。举例来说，以往达到 2 年时间的社区治疗现在只要几个月至一年不到。由于政府经费支持减少，只有极少数的长程疗法仍在使用，并且很难获得批准。

戒毒治疗（等级 3～4）

戒毒治疗（detox）是指通过药物来抑制或减少戒断症状以逐渐停止成瘾物质使用的过程。成瘾康复治疗中心、精神病院或者综合医院都能提供药物戒毒治疗。药物戒毒治疗适用于以下情况：你有成瘾病史，或者有显著的潜在风险发生戒断并发症状，比如癫痫、震颤性谵妄（DTs）或严重自杀倾向。当你戒毒治疗时如果你同时有需要被严密监管的躯体或精神疾患，基于医院的治疗方案比较合适。戒毒治疗一般要进行好几天。对于严重的麻醉类及苯二氮䓬类药物依赖的戒断治疗常在戒毒治疗方案的开始阶段进行，并持续于后续门诊治疗和日间治疗。

有的地区有所谓社会群体戒毒治疗，即提供关心、休息及营养支持。在戒断并发症状出现后，他们会转诊到医疗系统。社会群体戒毒治疗通常提供给那些没有医疗保险或没钱支付治疗费用的慢性成瘾物质滥用者。像救世军这类组织就提供社会群体戒毒治疗。

如果你的成瘾物质依赖不是很严重，你没有严重的躯体或精神疾病，并且你有来自家庭或其他重要人物的帮助支持，门诊戒毒治疗是合适的选择。然而，需要知道的是，因为潜在的戒断并发症风险以及一些酗酒和吸毒者可能是出于错误的理由来寻求帮助，很多治疗师和医生不愿意进行门诊戒毒治疗。

戒毒治疗需要监控患者的生命体征和戒断症状。戒断治疗过程包括通过提供药物来预防或治疗生理戒断症状，比如恶心、抽搐、流涕、睡眠紊乱、焦虑不安。戒断治疗还包括休息、营养以及患者生理心理健康的评估。如果不与其他治疗形式比如吸毒康复治疗、门诊治疗或者参加自主团体等配合开展，戒毒治疗价值有限。

如果你有下列情况，你应该考虑医疗监督下的戒毒治疗：

- 在不损害健康的情况下，靠你自身不能停止酒精或药物使用
- 既往或者目前有和戒断或成瘾相关的生理症状（例如，震颤性谵妄、惊厥、高血压、胃炎）
- 有精神异常（例如，精神病性症状、严重抑郁、自杀倾向）

从医学观点来说，酒精或巴比妥类药物的戒断症状是最危险的。因此，如果你有这类物质依赖，你最好进行有监督的戒毒治疗而非靠自己戒断。突然的完全戒毒或戒酒会导致严重的躯体和精神并发症，或者戒断症状的不舒适感会使你继续使用

成瘾物质来自我治疗症状。

特殊方案

其他的特殊治疗方案包括针对戒烟的，作为治疗研究设计的一部分的用于研究特殊类型门诊病人的社会心理治疗（例如技能训练或复发预防）或药物治疗，或针对有双重或共存症状的病人（成瘾物质滥用以及精神障碍）。

阿片类药物维持治疗（OMTs）

美沙酮维持治疗（MM）用于帮助那些之前没能成功戒断的麻醉药成瘾者。配合教育及咨询服务，MM 能逐渐使患者同时戒断麻醉品。患者可能需要美沙酮维持治疗几个月到数年。MM 帮助断绝非法麻醉品的使用以及相关的犯罪行为，并有助于恢复个人工作能力及社交能力。当你通过其他形式的治疗不能够远离海洛因或其他麻醉品时，MM 是一种有用的疗法。

丁丙诺啡（盐酸丁丙诺啡、盐酸纳曲酮）是用于帮助麻醉品成瘾者戒毒或长时间保持戒断的一种新药。它被越来越多的成瘾治疗方案及医生使用，但因为需要政府的特别批准，它不能在所有的诊所使用。和其他麻醉品替代药物如美沙酮相比，丁丙诺啡的优点在于它能由住院医生开医嘱而不需要由治疗中心配药。它的潜在依赖性低，安全性高。舌下含化药物盐酸纳曲酮街头黑市没有卖的，并且可以不用针头静脉注射。

选择你的目标

你的目标应该是基于你目前成瘾物质滥用问题的严重程度、你改变的动机强度，以及关于你自己和你的生活方式，你希望做出什么样的改变。

如果你正在接受治疗，你应该与你的治疗师和咨询师亲密合作来制定你特定的目标以及达到这些目标要进行的步骤。有时候，你的治疗师可能会不同意你的治疗目标。举例来说，如果你有酒精依赖，你选择节制饮酒作为你的目标，治疗师将建议你努力戒断，因为节制饮酒对你不是合适的目标。或者，如果你同意戒除海洛因和可卡因的目标，但仍然想通过酒精或大麻获得快感，你的治疗师将可能建议你努力做到完全戒断，因为酒精和大麻滥用使你很有可能继续使用海洛因和可卡因。

如果你不确定你想要设定的目标，那么你的初始目标可以是“决定对于自己以及自己的酒精、吸烟或吸毒问题我想做哪些改变”。在这个过程中，本书将给予你一些帮助。

完成初始目标治疗工作表。

初始目标治疗工作表

1. 描述你目前的治疗的主要目标。____

2. 描述目前你认为要达到你的目标需要哪种特定的治疗方法。____

3. 如果你过去接受过治疗，介绍它是怎么帮助你的。____

4. 如果在治疗完成前你想中断，你怎么办？____

第五章
改变阶段

目标

- 了解你在物质使用恢复过程中可能经历的不同阶段
- 认识停止或继续使用成瘾物质导致的短期和长期结果
- 学习提高你的动机的策略

研究表明，当你改变你的物质使用问题时，你可能经历一些不同的阶段。尽管为了讨论方便而区分各个阶段，你不一定会经历所有的阶段或者以一个固定模式经历这些阶段。当你改变你的酒精或药物使用问题时，向前两步再倒退一步都是很正常的。你可能一段时间停滞于某一阶段，徘徊于两个阶段之间，或者在进入下一阶段之后再回到前面的阶段。请阅读表 5.1 Prochaska 的改变阶段。

然后完成你的改变阶段评估表。

表 5.1　　改变的阶段

1. 改变物质使用问题的第一阶段叫前注意阶段，是指你还没有意识到你的问题，抗拒改变，仍认为你没有问题，你拒绝承认并看不到你的酒精药物成瘾问题，即使其他人能看到。 2. 第二阶段称作注意阶段，在这一阶段，你承认你有酒精或药物问题，并且你计划在未来 6 个月或更长时间内采取行动。 3. 下一阶段是准备阶段，包括计划在下个月开始处理酒精药物成瘾问题，你应该让别人知道你即将作出的改变。有时尽管你希望改变，但你仍然对此有复杂的感受——既想戒瘾又不想戒。不要期望你的戒断动机在这个阶段会达到 100%。你要开始思考改变的益处。 4. 下一阶段即行动，指真正开始改变你的酒精药物成瘾问题，你下决心去戒酒、戒烟或戒毒。如果你躯体成瘾完全靠自身力量难以戒断，或者你有和戒瘾有关

续前表

的并发症史（癫痫或自杀念头），你应该考虑药物戒断或住院治疗来帮助你戒断，除了更加沉稳和冷静外，在这个阶段，你应该更多了解自己，这样才能改变自己的想法、情绪以及自我意象。你应该认识到处理你的物质成瘾问题需要做的不仅仅是停止使用成瘾物质，你可以指出恢复过程的具体细节，例如抵抗对成瘾物质的想法和渴望，处理那些能影响你复发的人、地点及事物，处理负面情绪，以及处理家庭和人际关系问题，你开始加入自助团体和其他形式的社会支持团体来重建自己的生活，减少无聊感，并帮助你与那些关心你的康复的人保持接触。 5. 巩固或防止复发，是改变的下一阶段。在这一阶段，你和你的生活方式继续着积极的改变。你努力防止复发，并知道，对于你的物质成瘾问题没有简单快速的解决办法。你致力于协调生活中的方方面面，这样你就能自我感觉更加良好。 6. 最后一个阶段即终止阶段。在这个阶段，你先前的成瘾问题不再表现为一种诱惑或者威胁，你过去的行为不会再发生。并且你有自信能巧妙地处理生活中的问题，这样你的酒精或药物成瘾的复发危险较低。

建立动机的策略

为了帮助你认识到你的问题并建立动机，一种办法是回顾你填写的不良影响表（见第三章），另一种办法是完成本章结尾处的决策模块，从这两个练习中获得的信息将帮助你看到事物的两个方面——停止或继续使用成瘾物质，它将帮助你了解由此导致的短期和长期的后果。如果你发现你对继续或停止使用成瘾物质都有很强的理由，你不要惊讶，它并不是一个非此即彼很容易解决的简单问题，因为不论你的酒精或药物成瘾会导致什么样的问题，你都能在这当中获得点什么。最初，大部分人对于完全戒断有矛盾心理，一部分人希望戒断而另一部分希望继续使用酒精或药物，你的工作是：观察问题的各个方面，认识戒瘾的过程和后果，并努力戒瘾。

当你处于恢复阶段后，如果你的动机出现波动，努力搞清楚当时发生了什么，把你的感受、经历与你的治疗师、AA 或 NA 主办人或其他支持团体的成员，或者你信任的知心朋友一起分享和交流。另外，请参考以下策略来提高你的动机。

■ 回顾你戒酒戒毒的理由，重新建立恢复的信心

- 提醒自己缺乏动机是暂时的情况，以后会好转
- 回顾到目前为止你从恢复过程中获得的益处
- 了解继续恢复过程的更多益处
- 记住你酗酒、吸毒导致的问题
- 考虑你的孩子、你生命中其他重要人物，以及你的恢复对他们的意义
- 与一些处于复原阶段的人接触，了解他们处于低动机阶段时的做法

家庭作业

- ✎ 完成改变阶段评估表
- ✎ 回顾第三章已完成的不良影响表
- ✎ 完成决策表

改变阶段评估表

回顾下列问题，以帮助你确定你处于哪个改变阶段。记住，过程是指从一个阶段到下一个阶段的活动。改变是目标，而不是追求完美！在每个问题后的适合自己情况的方格中打钩。

	肯定	很可能	不确定	否定
前注意/注意阶段				
1. 你认为自己有酒精、烟草或其他药物成瘾吗？	□	□	□	□
2. 你清楚地知道为什么你希望戒除成瘾物质吗？	□	□	□	□
准备阶段				
3. 你打算在下个月下决心戒除成瘾物质吗？	□	□	□	□
4. 你了解靠你自身的力量戒除成瘾物质要进行哪些步骤、采取哪些行动吗？	□	□	□	□
5. 你需要借助药物来戒除酒精或其他药物成瘾吗？	□	□	□	□

续前表

	肯定	很可能	不确定	否定
准备阶段				
6. 你有没有告诉他人（家人、朋友等等）你决定改变你的酒精或其他药物成瘾?	□	□	□	□
行动阶段				
7. 你有强烈的意愿去戒除酒精或其他药物成瘾并保持戒断吗?	□	□	□	□
8. 你需要通过改变周围的人、地点或事物来帮助你戒除酒精或其他药物成瘾吗?	□	□	□	□
9. 你需要学习控制你对成瘾物质的想法和渴望吗?	□	□	□	□
10. 你需要记录你的物质成瘾对你家庭或其他人际关系的影响来帮助你保持戒断吗?	□	□	□	□
11. 你需要记录处理负面情绪的新方法来提高你保持戒断的概率吗?	□	□	□	□
12. 你愿意参加自助团体或者其他形式的社会支持团体来提高你保持戒断的概率吗?	□	□	□	□
巩固阶段				
13. 你知道潜在复发的警告指征吗? 在再次酗酒、吸烟或吸毒之前，你有应付这种情况的策略吗?	□	□	□	□
14. 你知道使你对使用成瘾物质易感的高危因素和应付它的策略吗?	□	□	□	□
15. 如果在一段时间的戒断后你真的复发了，你知道你应该采取哪些行动吗?	□	□	□	□
16. 你的生活总的来说处于平衡状态吗?				

最后的结束阶段没有要提的问题，因为我们认为假如你处于这个阶段，你已经不需要本书了。

第六章 如何使用治疗和咨询

目标

- 学会从你的治疗中获得最好的效果
- 熟悉这些可能在你治疗阶段会对你产生消极影响的行为

介绍

对于酒精、烟草或者其他药物的问题有很多不同类型的治疗和咨询的方法。研究表明治疗方法没有单一的或者是更好的。当专家的治疗能够帮助你发展和提高技巧处理很多在恢复过程中的挑战和需求的问题，而这些问题又和你使用这些物质有关的时候，这个治疗方法是最有效的。在这个治疗过程中让你的家庭参与也能提高治疗成功的机会，因此，你可以积极地参加一些相互鼓励的组织，比如戒酒会或戒烟会。

通常，你使用这些使你成瘾的物质情况越严重，你想在治疗中获得最大效果的治疗时间就越长。如果你使用这些使你成瘾的物质的情况不太严重，持续不到 12 次的短期的门诊治疗就会有效。当然为了解决相关问题需要长期门诊治疗。在很多例子中，在门诊治疗之前就要采用戒瘾或者家庭治疗方法。

从治疗中获得最好的效果

为了提高恢复的机会，肯定的态度是有用的。恢复与其说是与酒精或者药物有关，不如说是与你的态度、价值、行为和个性有关。事实上，戒酒会或戒烟会提到的12步中只有1步提到了“酒精或者成瘾”的概念。这些步骤提到你，是作为个体，而不是物质。下面几个观点帮助你在恢复期从治疗和加入的组织中获得最好的效果。

- **分享你的故事和历史。**最好诚实地分享你使用成瘾物质的个人经历和一些细节，这样专家会对你和你的问题作出一个正确的评估。这样做将会使他们为你的治疗和恢复期计划作出建议。恢复阶段中在治疗小组或者戒酒会、戒烟会上诚实地分享你的故事和历史对你也是有帮助的。你可以获得正在从酒精和药物问题恢复中的其他人的支持、建议和反馈。
- **发展和治疗师以及咨询师的信任关系。**这个方法对于你想从治疗中获得最好的效果是必需的。让你的治疗师或者咨询师知道什么困扰你，什么比较好，与你工作有关的哪些是你喜欢的，哪些是你不喜欢的以及你的问题是什么。确保你们谈话中你分享了你的真实情况，比如你的私密电话，你的毒瘾，你使用酒精或者药物的实际次数，高危状态或者动机的斗争。
- **履行你的约定。**履行你的约定并且有足够长的时间接受治疗可以获得好处。不要找借口背离为你提供治疗的人的建议或者退出治疗。过早放弃通常是个坏的标志，毒瘾常常会复发。在治疗阶段要坦诚和诚实，不要保留秘密，尤其当你复发的时候。你的咨询师是帮助你，而不是评判你。遵循你和你的咨询师或者治疗小组制订的协议。由你决定是否遵循你的治疗计划并采取行动进行改变。
- **为了获得疗效治疗要维持足够长的时间。**治疗有效与否与你接受治疗的时间长短有关。对很多人来说，对酒精或者其他药物的依赖是一个长期的、慢性的过程，这经常需要你花几个月甚至更长的时间接受治疗。许多人常常在类似戒酒会或戒烟会的支持组织待上好几年。

- **当积极性降低时要寻求帮助。**你本来很平静的动机可能在平静期的早期忽高忽低。你可以在某天感觉到满腔热情，然后第二天你又会对康复消极绝望。接下来的一天，你可能努力实施改变计划，只是发现自己动机减弱。
- **认识到恢复正在进行。**你将努力使自己不再使用酒精或者药物并且意识到你的问题。如果这些问题的持续时间过长，再要处理这些问题就不是简单和快速的了。恢复是一小步一小步慢慢进行的。许多在戒酒会或戒烟会的人已经处在恢复期几年了，他们知道当他们停止使用酒精或者其他药物后，恢复是要持续很久的。没有快速戒瘾的事例，那些期望快速摆脱毒瘾的都是以失败告终的。
- **认识到恢复是个痛苦的过程。**你需要坦诚地审视与你使用酒精或者药物有关的生活，审视你使用酒精或者药物是怎么影响你和其他人的。这样的自我反省可能会引起你内疚、害羞、失望。随着恢复过程的进行和变化，你的痛苦将会越来越小。
- **将摆脱成瘾作为你的目标。**因为成瘾转移或者产生新的成瘾很常见，因此最好将摆脱毒瘾作为你的目标。摆脱成瘾的需求要在自助计划中或者日记中强调出来。戒烟会在开篇就提到了“基础课程”，也就是如果成瘾者使用任何会改变他们意念和心情的物质，戒瘾就不会成功。有本书由处于恢复期的有毒瘾者所写，其中指出：要让一个可能是为了改变心情而吸毒的毒瘾者证明自己是在合法地用药是很简单的事情。这样的问题也在一本为酗酒者的康复而写的书中提到。在《清醒的生活》中有整整一章是专门讨论“避免化学药品成为情绪改变者”：许多戒酒会成员使用一些方法来回避饮酒。即使你花了时间摆脱毒瘾，但这是朝正确方向迈进的一个步骤，因此不是每个人能够或者愿意在一开始就接受戒断的。
- **改变自己。**对你自己或者你的生活方式作出改变是恢复期一个真正的挑战。这些改变可能涉及思维模式，怎么处理情绪，怎么解决问题，与别人的关系如何，空闲时间怎么打发，去哪儿打发，以及自我形象等问题。你的改变计划应该建立在你的问题以及你想要在你的生活中看到的差别的基础上。

- **考虑药物治疗。**药物治疗可以帮助成瘾的人安全地放弃使用那些使人成瘾的物质，帮助他们继续康复，通过药物替代那些使他们身体成瘾的物质（比如，利用美沙酮或者丁丙诺啡替代海洛因），或者治疗共病躯体或精神疾病（比如，使用抗抑郁剂治疗抑郁，给双相障碍者使用心境稳定剂）。如果你认为一个人孤独地面对治疗和咨询时要保持冷静有困难，你可以让你的治疗师为你列个药物评估的单子。
- **提高你的应对技巧。**学习应对你使用成瘾物质而造成的问题，或者导致你使用成瘾物质的问题，这对于你长期的成功是很关键的。你需要发展认知、行为和人际交往技巧以应对在恢复期出现的一系列挑战。比如，树立目标、控制欲望、控制烦躁情绪、处理人际冲突、抵制住促使你使用成瘾物质的压力、识别和控制恢复期早期的复发信号和高危因素（见第七章到第八章）或者控制共病精神病障碍（见第二十章）。提高应对技巧包括教育、意识、练习和再练习，以及处理新事物的能力。
- **指出家庭问题。**一旦使用成瘾物质会影响到你的家庭，与你的咨询师讨论你的家庭对你使用成瘾物质的看法，怎么改善你与家人的交流和关系，哪些治疗和自我帮助对你的家庭有益(如咨询 AA 或 NA)。家庭介入通常对你和你的家人都有帮助（见第十二章）：你从他们身上得到支持，同时他们也有机会分享你的经历并且获得帮助和支持。当家庭介入治疗后，治疗效果经常会改善。
- **扩展你的康复网络。**家庭方面的康复方法恢复，见第十三章到第十四章。与你的咨询师一起寻找新的社会资源，这样可以帮助你在恢复期拥有值得依赖的庞大网络。如果你觉得找别人帮助或者支持有困难，与你的咨询师一起学习主动邀请别人支持你。

- **加入戒酒匿名会或酒徒之友会或者嗜麻醉剂者互诫协会、轻松的恢复小组、专为女性恢复清醒的协会，或者其他相互支持的小组或者协会。**在这些相互支持的协会中与你的支持者或者朋友坦诚地分享你的问题。为了获得他们的支持和帮助，你也要学会问别人相似的问题。比如，与一个支持小组的其他成员坦诚地分享你想使用酒精或者药物的强烈愿望或者你已经改变了的不想使用这些物质的动机下降的情况，这样可以帮助你指出要维持清醒你要做什么。定期参加聚会尤其是在恢复早期。通过分享和提出你的问题加入到聚会中，不要担心因为分享了你的经历或者想法而遭人评价，因为其他人也像你一样知道要立即改变嗜好或者动摇动机是非常困难的。
- **有任何精神问题要寻求帮助。**对于使用成瘾物质的人来说，精神障碍是很常见的（见第二十章）。如果你认为你可能有这方面的问题。可以请一个精神卫生专家来进行评估。
- **减少恶化和复发。**学会找出复发的早期警告信号并且采取行动，识别你潜在的高风险状况可以帮助你减少复发的风险（见第十八章到第十九章）。因为你的康复没有一条捷径，所以要为一些挫折和紧急情况做好准备，这样当出现任何你认为会导致你重新喝酒或抽烟的时候你就有个准备有个计划。
- **经常回顾你的进步，尤其是在康复早期。**有很多的方法可以检查你的进步（见第十九章）。你遵循你的计划去改变自己吗？你使用积极的应对技巧来控制康复期的挑战吗？你有决心不再使用这些成瘾物质吗？你能克服动机不足的毛病继续改变吗？你是否能改善自己或者你的生活（你的想法、情绪或者行为）？进步不是一个“全或无”的事情，进步的评判应该与你的问题和治疗目标有关。你的进步受问题的严重程度、改变的动机以及你的个人资源等因素影响。

寻求帮助的困难

自负、害怕、窘迫、担心或者不知道怎样可以获得向别人寻求帮助的办法，当在康复期需要别人的帮助或支持时，把康复任务看成是“我们”而不是“我”去做。这样可以从不同的层面帮助你：你要去参加一个聚会，你需要别人的建议来处理某个问题，你关心的事情需要有人倾听；你要和一些人谈论重要的事情。在任何相关的生活领域你都可以寻求帮助——你的健康、情绪、人际关系、心灵、财务或者工作。尽可能直接、具体地说出你需要从别人那里获得帮助和支持的类型。然后，欣然接受他们提供的支持和帮助。下面是一些如何从别人那里寻求帮助的建议：

- 正视你的恐惧或者不情愿向别人寻求帮助或支持的问题
- 列出你可以获得帮助和支持的人（以及他们的电话号码）
- 至少有一两个你信任的人可以和你分享你的关注和感受
- 要能承担公开和分享你的经历的风险
- 参加一个相互支持的组织（戒酒会或酒徒之友会或者嗜麻醉剂者互诫协会或者心理健康小组），并且融入其中

尽早离开药物治疗或者拒绝医学建议

一些人在离开他们加入的组织或者结束咨询课程之前，会停止日间住院治疗，频繁门诊或治疗，另外一些人离开医院戒毒，或康复计划反对药物治疗。他们早早地放弃治疗或者药物治疗的原因经常是借口而不是真正的理由：真正的理由与渴望再次使用酒精或药物或者对完成治疗的动机不足有关。导致退出治疗或者 AMA 的一个特征是变相的欲望。这意味着你对于酒精或者药物的欲望有很多层面，而你只是把你放弃治疗的想法归到了另外的理由（比如，你不喜欢正在进行的治疗，治疗时你没有得到你想要的药物，你不喜欢为你治疗的工作人员，

你认为咨询师和工作人员教你的东西你都懂，或者是你感到焦虑和愤怒，或者是你要参加自己的商务活动）。

成瘾影响你的想法、情绪和作出决定的能力。如果你把你的成瘾看成是身体不适或者一种疾病，或者你认为你的治疗小组或咨询师比你自己更了解你对什么最感兴趣，你可以在早期就让你自己退出治疗或者 AMA。

如果你退出 AMA，复发风险会增高。许多退出治疗或者退出戒毒所康复计划的人马上会再次使用酒精或药物。你想离开或者放弃治疗是可以的，但是不要盲目这样做。相反，将你的愿望写在纸上，然后和你的咨询师、护士以及参与到你恢复中的其他专家以及你所拥有的戒酒毒匿名会或者戒毒匿名会的支持者，或者是你信任的朋友一起讨论。有时候，简单地把你的想法和问题转换成文字可以减轻毒瘾对你的折磨。如果你说出你的成瘾、使用成瘾物质的欲望和退出治疗的冲动，你可能会获得对正在发生的事情的新的看法。

治疗结果

许多研究提示物质使用障碍的治疗是有效的，尤其是如果你能够长期保持将会更加获益。这些专业帮助包括以下一些积极作用：

- 提高参与率，或者融入治疗当中
- 提高对你是否遵循你的治疗计划和加入治疗小组的评价
- 提高完成治疗率
- 停止使用成瘾物质
- 减少使用成瘾物质的频率和数量
- 改善身体状况
- 改善精神状况
- 改善心灵状况
- 改善家庭关系
- 提高婚姻满意度
- 提高社交行为（比如法律问题减少、提高就业率、对福利的依赖更少）

妨碍治疗行为表

指导语： 回顾以下每种行为。在心理治疗或咨询中你曾有过的行为，请在旁边打钩（√）。然后，选择两种行为，为每种行为制定一套处理它的行动计划。

__没有按时参加治疗课程

__完全不参加治疗

__因为咨询师让我不安而错过某些课程

__在几个课程之后就退出了咨询

__不能坚持完成作业或者两个课程之间的日常训练

__责怪咨询师没有尽力帮我

__在课程中谈论怎样改变自己但并没有真正在生活中做出改变

__期待咨询师告诉我在课程中该说什么

__没有告诉咨询师我真正的想法或感觉

__当我想使用成瘾物质或者在两次治疗间使用了成瘾物质时，我没有告诉咨询师

__不断地给我的咨询师打电话或留言

__对我的咨询师提出不现实的要求

__没有合理服药，诸如双硫仑、纳曲酮或治疗精神障碍共病的药物

__不为那些由我控制的事情承担责任

__我影响了一些事情，却不承担责任

__由于我的行为选择而责怪他人

__将自己置于高危情境中

行为 1：______________________________

____

行动计划：______________________________

____

____

____

____

行为 2：______________________________

____

____

行动计划：____

过去治疗经验工作表

检验你过去采取的戒瘾治疗类型。在“治疗方案和咨询或者心理治疗”条目下选择你过去所接受治疗的次数。对于每一个你曾经使用的药物，都要记录下你用了多久。

治疗方案和咨询或者心理治疗

☐ 戒瘾：________次

☐ 不到 30 天的家庭或者人院治疗：次数________

☐ 超过 30 天的家庭或者人院治疗：次数________

☐ 不完全的参加集会：次数________

☐ 治疗团队：次数________

☐ 日间医疗计划：次数________

☐ 部分门诊治疗：次数________

☐ 门诊咨询：次数________

☐ 女性方案：次数________

☐ 双重诊断（成瘾和心理疾病）方案：次数________

☐ 针对刑事司法问题的特殊方案：次数________

戒瘾药物治疗：

☐（关于阿片成瘾）服用了多长时间的美沙酮？________

☐（★为了麻醉毒瘾）服用了多长时间的丁丙诺啡盐酸丁丙诺啡和盐酸纳曲酮片剂？________

☐（关于酒精成瘾）服用了多长时间的戒酒硫？________

☐（关于酒精成瘾）服用了多长时间的纳曲酮？________

☐（关于阿片成瘾）服用了多长时间的纳曲酮？________

☐（关于酒精成瘾）服用了多长时间的阿坎酸？________

1. 你有多少次放弃戒瘾、离开医院或者反对家庭治疗方案？

□ 0 次 □ 1 次 □ 2 次 □ 3 次 □ 4 次 □5 次 □不止 5 次

2. 你有多少次在日间医疗、集中门诊或者门诊治疗还没有结束之前就提前放弃？

□ 0 次 □ 1 次 □ 2 次 □ 3 次 □ 4 次 □ 5 次 □ 不止 5 次

3. 总的来说，你怎么评价过去你在治疗毒瘾上个人所做的努力？

□ 没有 □ 低 □ 中等 □ 高

4. 总的来说，你怎么评价现在你个人在治疗毒瘾上的投入？

□ 没有 □ 低 □ 中等 □ 高

5. 描述过去的治疗对你有什么帮助。尽量具体详细。

____

____

____

____

6. 如果你在过去很早就放弃治疗，或者离开一个反对药物治疗的组织，描述其对你产生的影响（从你使用酒精或者药物、你的身体健康、人际关系或者你生活的其他方面）。

____

____

____

____

7. 如果你开始想离开你的治疗小组，放弃治疗，或者离开反对药物治疗的组织，你认为还有什么可以帮助你自己？

____

____

____

____

第七章 目标计划

目标

- 开始建立并且优先发展你的康复计划
- 了解康复期不同的构成要素

介绍

康复是一个你为了停止使用成瘾物质而在制定戒瘾目标和学习改变你自己和生活方式的技能的过程。康复计划包括：

- 认识你存在的具体的物质使用问题（比如医学影响，继续使用成瘾物质的后果，治疗）
- 拥有改变的愿望
- 适应康复的要求和挑战
- 树立具体的改变目标
- 制订行动计划以帮助你改变，制定预防复发计划以帮助你坚持改变

对于长期的改变，加强你已有的应对技巧，学会适应康复期的要求和挑战是必需的。

你的康复计划可能涉及一个或者几个领域：躯体，情绪或者心理，家庭，社会或者人际，心灵，或者生活方式。你选择的具体的目标都是个人的，取决于你怎么看待你的物质使用问题和你认为需要什么去改变你自己及生活方式。当你读完这章，请完成制定目标工作表。这将帮助你树立目标并形成行动计划。

当你回顾这本自助手册的成瘾章节后，你可以回到前面，再加些条目到目标工作表中。你可以从这本书中复印这个表，或者从治疗工作系列网站 http：//www. oup. com/us/ttw 下载复本。在你完成了该表之后，你可以重新思考这个问题。记住，目标计划是一个持续的过程，要一直为你的目标和改变你自己及生活方式而努力。

躯体的康复

躯体康复包括以下方面：

- 免费获得酒精或者药物
- 当心因为你使用成瘾物质而造成或者恶化的躯体问题
- 平衡饮食以保证你正常的营养
- 获得充足的睡眠、休息和放松以减少压力并且帮你增加能量
- 有规律地锻炼来维持健康的身体并且减少压力
- 学习控制你想使用成瘾物质的躯体上的欲望

停止使用成瘾物质提供了一个非常好的注重健康和更好地关心你的身体的机会。

情绪或心理康复

这种康复包括以下几个方面：

- 认识到你有过问题并且为此立下承诺
- 学习挑战会导致你重新使用成瘾物质的负性思想
- 学习不借助使用酒精、烟草或者其他能够放松自己或者逃避问题的药物来处理你的烦闷情绪、压力和生活问题

如果你有精神障碍共病或者心理问题，你需要重视这个问题并让自己保持冷静。但是你也要当心康复过程中试图过快解决太多问题。因此，我们建议你要等到你出现任何隐藏很深的

情绪问题比如作为一个躯体、心理或者性虐待受害者前已经有相当长一段时间的平静期（至少几个月）才开始心理康复。如果你现在正处于虐待关系中或者你感到严重抑郁、绝望、自杀或可能你还威胁到别人时，应该形成一个安全的计划。如果你的精神症状引起显著的痛苦或功能损害，你可能需要关注这些问题（见第二十章）。

家庭康复

因为你喜欢的人经常会因为你使用成瘾物质而受到某种影响，所以确认你的问题是怎么影响你的家庭是有用的。这样你可以决定你能做什么来改善你与家人的关系。通常邀请他们加入到你的治疗课程、训练小组或者“开放式”戒酒会、戒烟会中，对你也是有帮助的。你也可以鼓励你的家庭参加戒酒会或酒友会或者嗜麻醉剂者互诫协会。仔细地观察你的问题对你家庭的影响，可能暂时让你产生内疚或羞耻。但是最终你会把自己放在一个更好的位置发展与你的家庭成员的关系。

社会或人际关系康复

人际关系和业余兴趣经常被你使用成瘾物质的问题而破坏。你可能因为使用成瘾物质伤害了别人而去弥补，重建被破坏了的人际关系，与其他不会喝多的人交朋友，学会果断地拒绝别人提供你使用的成瘾物质，培养健康的业余兴趣来代替以前花在使用成瘾物质上的时间。如果你有了长期的毒瘾，你可能必须学会如何再次快乐起来和发现能使你开心和满足的新的业余活动。

心灵康复

这部分的康复是指克服与使用成瘾物质有关的羞耻和内

疚的情绪。羞耻是指你认为自己不好，比如你很容易被击败或者你很弱。内疚也是指你认为自己不好，比如因使用成瘾物质做了某些事或者错过做某事。有时，在心灵康复部分形成一个认为生活有意义的感觉是很重要的。对那些为了自己的心灵恢复而努力的人来说，更高的信念和拥有一个正式的集体是两个常见的方式。随着康复的进步，有些人发现把自己的经验回馈给那些有同样遭遇的人是有帮助的。一些自我帮助组织比如"理性康复组织"不认为一个成功的关系康复需要更高的能量。因此，在康复期，你可能在有关心灵的问题上接受到有冲突的观点；你只能选择适合你的。有些人也从一个长远角度解释心灵，即心灵超出了一种特殊的信仰或者一个更高的能量。举个例子，内观和思想，都是常见的触碰人的内心的方法。

其他康复领域

诸如工作、学校、业余爱好、合法事情、锻炼、金钱或者娱乐等领域可能也需要在你的改变计划中标出。比如，你使用成瘾物质曾经对你的工作或生活造成显著的财政问题，你需要处理这些问题。关于平衡生活形式的信息在第十八章中列出。这些信息能帮助你制定与康复期其他领域有关的计划。

优先处理你的目标

除了具体的康复目标之外，你还要设立优先处理的目标。这包括，首先在最有压力的事情上行动。如果忽视早期治疗的问题而只是为最近的康复而努力，这样会破坏你的进步。比如，Darren 对药物的依赖破坏了他的家庭，使他的父母感到担忧、生气。在怎么帮助他的问题上，他们没有清醒的判断力。他对药物的依赖也破坏其他人际关系。这样他需要尽力去修复这些已破坏的关系。Darren 首先必须做的是忍受他对药物的戒除，并且学会控制他经常出现的对药物的渴求。他的首要目标是完全摆脱药物。这就要求控制他的欲望和寻找健康的社会支持。在他认真地处理了这些关键问题后，他就有了更好的精神状态，开始为建立更好的人际关系而行动了。

如果你第一步没有或者没能完全摆脱酒精或者药物，想一想你可以为改变自己的毒瘾采取什么步骤，而不是什么都不做，让问题变得更糟糕。最糟糕的事情就是你什么都不做。你现在开始这个方案，即使你要与自己作斗争，不管是否能完全停止使用成瘾物质，至少你可以给你自己制定一个最近的计划。认识到自己不知道是否想改变也是好的。用这个表上的信息帮助你决定是否想改变你使用成瘾物质的问题。

家庭作业

✎ 完成制定目标工作表

制定目标工作表

指导语：在康复涉及的每一个领域中，列出你想要做出的改变。对于你确定的每个目标，写上你需要采取的帮你达成目标的步骤。在确定目标和策略时，要做到越具体越好。

改变	目标	改变步骤
身体	______	______
	______	______
	______	______
情绪或心理	______	______
	______	______
	______	______
家庭	______	______
	______	______
	______	______

社会或者人际

心灵

其他（工作、经济等）

第八章 控制对成瘾物质的渴求和欲望

目标

- 学习一些策略来帮助你阻止或控制对物质使用的心理渴求
- 开始记录接下来几个月内你每天的心理渴求情况
- 识别那些诱发你心理渴求的东西以制定应对策略

介绍

渴求是指一种对使用某种物质从轻微到非常强烈的一种渴望或欲望。你的渴求可能是一种对与物质使用高度相关的欣快感的渴望；也可能是渴望避免或者逃避与戒断有关的负面情绪或者躯体症状。

欲望是指一旦你有渴求后对使用这个物质的意向。你有很大的渴求，但你可能并不想使用物质，或者也有可能非常想使用，这些情况都会让你易复发，除非你使用积极的应对策略来帮助你处理对物质使用的渴求和欲望。

渴求可以是外显的，这样你可以意识到它们，也可以是隐蔽的（隐藏在你的意识下面），以间接的方式比如易激惹表现出来。在康复期最初几天和几周内，物质渴求会倾向于表现得更加频繁和强烈。

物质渴求由外部因素（如人、地方、事件、经历和实物）以及内部因素（感觉或思维）激发。人的渴求程度有高有低，并且在躯体上的表现方式也不同。当你经历一次物质渴求时，你的思维和感觉决定你怎么处理它。图 8.1 呈现了这些联系，在下章也会有更详细的讨论。

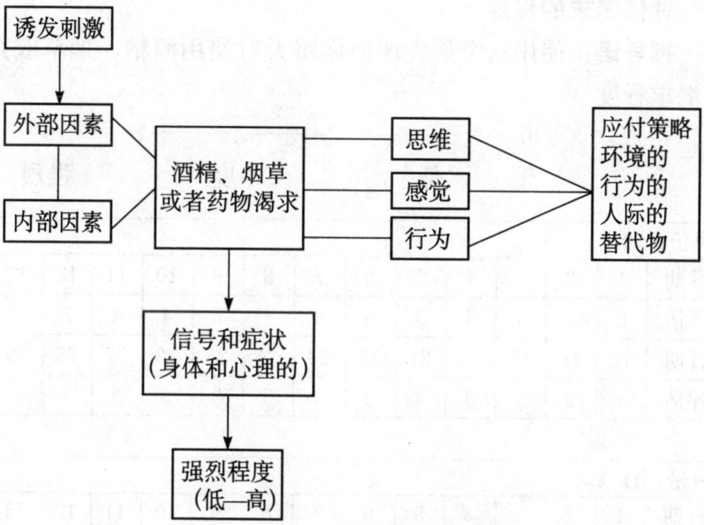

图 8.1　渴求的诱发物和强烈程度

在身体和心理上都不去想使用某一物质需要花费你一段时间。同样，弄明白你渴求的诱发刺激以及控制它们的方法也需要花时间。在本章中回顾的策略将帮助你阻止和控制你的渴求。

每天评估你的渴求

学会识别和标示你的渴求是你控制它们的第一步。你可以用你觉得舒服的称呼来表达——欲望、渴求、渴望、获得快感的需要等等。当你开始接受康复治疗时，它能帮助你追踪每天渴求的情况，这样你就可以看到每天的变化。它还会提醒你渴求和欲望是怎样通过身体和行为症状表现出来的。焦虑，紧张，手心出汗，心跳加速，易怒，回避人，对人撒谎，就是物质渴求可能会表现出的常见行为。利用这个日常渴望程度记录表跟踪记录接下来几个月你对物质渴求的情况，你可以复印这本书中的表格或者从“关于有效的治疗——认知行为疗法”网站上下载（http：//www. oup. com/）。

日常渴求程度记录表

评估渴求的程度

指导语：使用这个量表评估你每天对使用酒精、烟草或其他药品的平均渴求程度。

0——1——2——3——4——5

无　低　中度　强烈

月份：10 月																
日期	1	2	3	4	5	6	7	8	9	10	11	12	13	14	15	16
评估	5	5	4	4	5	5	4	4	5	4	4	3	4	4	5	4
日期	17	18	19	20	21	22	23	24	25	26	27	28	29	30	31	
评估	4	3	3	3	4	3	3	5	3	3	3	3	2	3	3	

月份：11 月																
日期	1	2	3	4	5	6	7	8	9	10	11	12	13	14	15	16
评估	3	3	2	4	3	3	3	2	2	3	3	3	3	3	3	5
日期	17	18	19	20	21	22	23	24	25	26	27	28	29	30		
评估	3	2	3	3	3	3	2	2	3	2	3	3	3	3		

月份：12 月																
日期	1	2	3	4	5	6	7	8	9	10	11	12	13	14	15	16
评估	3	2	2	3	3	2	2	1	2	2	2	2	2	3	2	1
日期	17	18	19	20	21	22	23	24	25	26	27	28	29	30	31	
评估	1	2	2	1	2	2	2	2	2							

每天的末尾花几分钟时间用 0～5 级评估量表来评估你这一天对物质使用的平均渴求强度；0 表示你没有物质渴求，1 表示轻度物质渴求，3 表示中度物质渴求，5 表示你重度物质渴求。因为在恢复期的最初 90 天复发风险最大，因此我们建议你跟踪记录物质渴求情况，以便你能看出这段时间渴求程度的变化，如果你戒掉了那些成瘾物质，你渴求的强度会随着时间的推移而减轻。但是，可能会有几天出现暂时性的增加。比如，Sharon 的每日记录等级在前 2～3 周是“重度”，在接下来的 2～3 周处于中度到重度之间。在第二个月和第三个月，他的物质渴求程度是下降的，大约在他戒掉那些成瘾

物质的第 6 周，有一天他感受到了重度渴求。不管渴求强度怎样增加，重要的是要控制不去使用。最终，所有的物质渴求都会消失或在强度上减轻。

当你记录日常物质渴求情况并加以等级评估时，需要密切关注与之相关的内部和外部诱发刺激以及你为了避免使用这些物质而采用的应对策略。比如，Sharon 的渴求程度最近正在增长，Sharon 已经能够明白人际关系中的心烦意乱和物质渴求程度增加这两者之间的关系。下面的两部分将会讨论物质渴求、诱发刺激以及应对策略的关系。

识别物质使用的诱发因素

识别那些激发你物质渴求和欲望的人、地方、事件和情境有助于你预知这些刺激物，从而反过来帮助你计划出应付策略。

外部刺激包括人、地方、事件、情境和物品，它们直接或者间接地诱发你使用这些物质。通常，“人”的刺激包括酒友、药物经销商、使用该物质的伙伴或者舍友，或者是在你面前吸烟的公司同事和朋友。任何你以前在那使用过该物质的地方（包括家里、办公室、酒吧、朋友家、街道角落、汽车）都会诱发你使用物质的欲望。同样，那些你使用过成瘾物质的事件或情境也会成为一个刺激，如聚会、度假、宗教活动或者个人庆祝会、工作后的聚会或者商业聚会，但不仅仅局限于这些。甚至一些物品也会诱发你使用物质。这些包括看见酒精、烟草或其他药物，或闻见它们的味道；特殊香水或者古龙水的味道；进入你视野的与使用物质有关的随身用具（如打火机、镜子、烟斗、纸、针管、酒精混合物）；其他与你使用成瘾物质有关的情境、气味或体验。Ryan 认为某些音乐会刺激他使用成瘾物质。即使没有欲望使用这些物质，如果开车时听到特定的音乐，他就会通过吸食大麻来过瘾。对于吸烟者来说，最常见的刺激情境是一杯咖啡和一顿美餐的结束，因为这通常与吸烟有关。

渴求和欲望也会被一些诸如情绪、特定的思维或者记忆、躯体感觉等内部因素诱发。诸如焦虑、抑郁或生气在内的沮丧情绪会频繁诱发再次使用成瘾物质的欲望。学会处理这些情绪需要花费你的时间和精力。消极情绪状态是最常见的复发风险因素。因此，学会情绪管理的方法会减少你复发的易感性。在第十章会谈到控制你不安情绪的策略。同样，积极的想法和记忆也会成为使用成瘾物质的诱发刺激。比如，“我真的没有问题”，“我可以用一点”，“没有比来点酒（香烟、大麻、可卡因）更好的事情了”，“没有吸毒带来的快感，我将活不下去”，“当我陶醉于成瘾物质的时候，性行为是这么好”。

有时，物质渴求将是随机出现的，在任何日子、任何时间都有可能出现，但是，成瘾更可能发生在特定的日子和时间。比如，当Dana第一次戒酒时，他的酒瘾就像定时装置一样，在“鸡尾酒时刻”一到，她想要喝点酒的欲望便会增强。当她外出在一个很漂亮的餐厅就餐时，她认为享受的一顿美味与喝了几杯酒是有关的。

尽管为了便于讨论，我们将诱发刺激分为外部刺激和内部刺激，但它们通常是相互关联的，一个外部刺激会导致使用成瘾物质的想法增强。但是，想独自使用成瘾物质也是常见的，尤其是对于物质依赖者，因为成瘾已经成为你的一部分而不需要外部刺激。

在阅读完这一章剩余的内容后，完成物质使用诱发因素表，它将会帮助你识别刺激，识别每一刺激的威胁程度，以及应对这些刺激的策略。我们将会在下面的部分总结有用的应对策略。

控制渴求和欲望的策略

如果有可能，最好选择一种能够提供成瘾物质“替代物”的策略。例如，如果你喝酒是为了放松和释放压力，那么你就需要一个替代的方法来放松自己，减少压力。如果你抽大麻或者吸食可卡因是为了增加性快感，那么你需要寻找别的方法而不是依赖药物来享受性。如果你抽烟是为了平息怒气，那么你需要寻找更健康的方法来对付生气。

当你在回顾下面的应对策略时，在你过去成功使用的或者今后可以使用的策略旁做一个标记。

与环境相关的应对策略

- 通过远离那些你想停止使用的物质来减少环境的诱惑。如果你正在戒烟和戒酒，在你的家里就没有必要摆放供别人使用的烟或者酒。
- 远离那些用于配置和摄取成瘾物质的装备（比如打火机、烟灰缸、针管、镜子、纸等）。
- 在恢复早期，如果有可能的话，远离那些会让你产生高复发风险的人、地点、事件和事物。

与认知有关的应对策略

- 告诉自己要摆脱成瘾。
- 告诉自己不管渴求有多么强烈，你都有能力克服它。
- 记住渴求会随着时间的推移而消失。
- 通过告诫自己推迟几个小时使用成瘾物质来度过这段戒瘾时间。
- 记住由于使用酒精或者其他成瘾药物而产生的麻烦。
- 从一个更强的激励中获得帮助和力量。
- 把渴求当成是冲浪的波浪，这个波浪能保证你安全，而不是你与它抗争，因为你需要波浪的支撑来行动，这样才不会被波浪所吞没。所以，经受住成瘾物质的诱惑，它最终会离开你。
- 在你使用成瘾物质之前，通过告诉自己你将会等到以后或者明天再使用成瘾物质来推迟你的决定。到那时，你的渴求程度会下降或者完全消失。

与行为有关的处理策略

- 通过一个活动使自己分心。

- 做些物理运动，比如散步、慢跑或者出去工作来释放你的紧张感。
- 写一则日记或者完成日常渴求程度记录表（查看 http：//www. stayingsober. lifejournal. com）。
- 看与恢复相关的文章以获得帮助和鼓励。

与人际关系有关的应对策略

- 与处于恢复期的朋友聊天。
- 与家人和其他支持你的人聊天。
- 参加自助恢复聚会并分享你的渴求情况。
- 如果有些情境使得使用成瘾物质的感觉很强烈以致难以抗拒，那么立即离开。
- 避免交际性使用。有些关系或者偶遇会对你产生影响。这些影响可能是外显的或者直接的，也或者是微妙和间接的。比如，你想与一个对酒精和烟成瘾的人约会，或者与一个正在饮用或使用药物的人发生性行为，你可能起初并不想使用药物，但随后当他邀请你使用药物或者在你面前使用药物时，你使用药物的欲望会随之增加。

利用代替物的应对策略

- 吸烟者发现当他们想抽烟时嚼口香糖或者吃薄荷糖是有帮助的。
- 在与使用酒精有关的时刻或情境中，比如餐前鸡尾酒时刻，用软饮料或者其他非酒精饮料代替酒精。
- 在接下来的几个月中，用每日渴求记录表来检查你的渴求情况。
- 完成物质使用诱发刺激物工作清单以帮助你识别诱发刺激，每个刺激的威胁程度和有助于你应对这些刺激的策略。

日常渴求程度记录表

评估渴求的程度

指导语：使用这个量表评估你每天对使用酒精、烟草或其他药品的平均渴求程度。

0------------1------------2------------3------------4------------5

无　　低　　　　　　　中度　　　　　　　强烈

月份：________																
日期	1	2	3	4	5	6	7	8	9	10	11	12	13	14	15	16
评估																
日期	17	18	19	20	21	22	23	24	25	26	27	28	29	30	31	
评估																

月份：________																
日期	1	2	3	4	5	6	7	8	9	10	11	12	13	14	15	16
评估																
日期	17	18	19	20	21	22	23	24	25	26	27	28	29	30	31	
评估																

月份：________																
日期	1	2	3	4	5	6	7	8	9	10	11	12	13	14	15	16
评估																
日期	17	18	19	20	21	22	23	24	25	26	27	28	29	30	31	
评估																

物质使用诱发因素表

指导语：列出诱发你的渴望或冲动的人、地点、事件、情境、物体、情绪、想法、记忆或时间。评估下表中每个诱发因素的危险水平。最后，列出有助于你避免使用物质的应对每个诱发因素的策略。

0———1———2———3———4———5

无危险　　　　　　　中度危险　　　严重危险

诱发因素（外部或内部）	危险水平（0~5）	应对策略

第九章
控制使用成瘾物质的念头

目标

- 学会识别和练习控制物质使用的念头以减少复发风险
- 学会使用多种策略以控制物质使用的念头

介绍

使用酒精、烟草或者其他药物是很常见的想法。任何停止使用成瘾物质的人将会再次想着使用它。再次想到你曾经喜爱或者依赖的事物是戒断过程中的正常现象。使用成瘾物质的想法和经常在这本书里讨论的其他恢复期事件有关，如渴求、社会压力、家庭，人际冲突和烦闷情绪等因素有关。一个有用的恢复期任务是识别和练习控制物质使用的想法以减少复发风险。

你的一些想法会增强你的渴求和欲望，或者使得你出现抑郁或生气的情绪。改变你的想法可以帮助你保持冷静，帮助你对自己和生活感觉良好。但是，就像其他技能一样，控制使用成瘾物质的想法要付诸实施。它也要求你知道什么时候能控制你的想法，你使用成瘾物质的想法什么时候出现。

完成这一章最后的控制使用成瘾物质想法的工作表。这张表列出了其他人经历过的试图停止酒精、烟草或者其他药物的常见想法。标记出你曾经也有过的想法并添加你自己的想法，然后写出对抗行为来帮助你练习新的思维方式。

与控制使用成瘾物质的想法有关的策略

通过描绘多种应对策略，你可以获得更多策略来控制你使用成瘾物质的想法：

- **监控你的想法。** 完成控制使用成瘾物质想法的工作表将帮助你监控使用成瘾物质的想法的进程。
- **设计对抗行为。** 在识别出一些特定想法后，你可以提前设计出对抗行为以帮助你战胜你的消极想法。长远看来，当新想法出现时，你得设计出对抗行为，因为你不会每次都能提前预知使用成瘾物质的想法。
- **不要让你的想法起作用。** 要一直记住：想法和情绪，想法和行为之间有很大差别。因为你仅有想法并不意味着你必须去行动。有时你所要做的就是忽略你的想法。有时你要做的就是采取一个更加激进的办法来挑战你的想法。
- **记住不使用成瘾物质的益处。** 提醒自己已经从不使用成瘾物质的经历中获益，提醒自己如果你不再使用成瘾物质，你可以期望获得的利益。
- **记住使用成瘾物质产生的麻烦。** 提醒自己很多问题都是因为你过去使用成瘾物质造成的，同时提醒自己如果继续使用这些成瘾物质，这些麻烦还会出现。
- **彻底考虑一下饮酒或者使用药物问题。** 戒酒会或者戒烟会建议你去使用一个合理方式思考整个过程，这样你可以看到你使用成瘾物质的消极后果和不使用成瘾物质的积极结果。
- **练习积极的肯定。** 对自己重述你的立场，比如说“我可以选择不使用成瘾物质”，“我控制我的想法而不是我被我的想法控制”，或者“我想避免吸烟（喝酒或者吸毒)”。即使说这些话你会感觉不舒服，或者你不相信这些自我肯定，如果你保持重述这些肯定，那么它们将会变得坚定，并使得你开始相信这些重述。
- **把自己看成是一个冷静的人。** 每天都持有这样的想法：

你能对酒精或者其他药物保持冷静。看到自己不使用酒精、烟草或者其他药物也有能力度过一天。将这个能力看成是你的一部分。

家庭作业

✎ 完成控制使用物质念头工作表来帮助你练习新的思维方式

控制使用物质念头工作表

指导语：回顾与复发有关的常见念头的清单。在清单上添加个人想法。然后列出可以改变这些想法的反向陈述和策略，从而来控制它们并阻止它们导致物质使用。

想法	反向陈述
1. 我不会再用成瘾物质了。我的问题已经得到控制了。	______
2. 一点香烟（酒、可卡因等）没什么害处。	______
3. 如果我不使用，我就不会觉得有乐趣或感到兴奋。	______
4. 我需要一些东西帮我走出困境并帮助我放松。	______
5. 生活是艰难的，我需要逃离一阵子	______

想法	反向陈述
6. 如果他们用而我不用的话，我将无法融入他们的圈子。	
7. 保持清醒有什么意义？这真的不重要。	
8. 如果我能获得成瘾物质，我将会用来测试自己。	
9. 如果我不喝酒，我怎么才能跟 Leroy 约会呢？	
10. 就像我绝不可能摆脱债务一样，我可能也戒不了酒。	
11. 我可以喝酒，因为没人会知道	

第十章 情绪管理

目标

- 了解在恢复期内你的负面情绪是如何产生麻烦的
- 了解最常见的负面情绪状态以及应对它们的实用策略

情绪对物质使用的影响

负面情绪是恢复期内最大的难题。一些诸如生气、焦虑、厌烦、沮丧、内疚、害羞在内的情绪会导致你复发并且产生不快乐感。失控的感觉会导致你的人际关系和与人相处的能力出现问题。

许多人通过使用酒精或者其他药物来掩盖自己的情绪或者缓轻自己的痛苦。但是，这些物质会影响你的判断，夸大你的感觉，使你的判断和感觉比实际情况更加糟糕。比如，酒精或者药物会把轻微的愤怒或生气转变成强烈的仇恨或暴力情绪。在酒精的作用下，你可能会不恰当地把简单的吸引看成坚持不懈的爱。

在下面的部分，我们会简短地讨论每一个最常见的负面情绪状态。本章还讨论了控制你情绪的实用策略。无论你要处理的是哪些特定的情感或者情绪，记住会有很多重叠的应对策略。在你阅读完本章余下的内容后，完成情绪工作表。用这个表去评估你恢复期内出现的情绪状态。然后用这些信息去发现你自己的用于恢复的应对策略。

愤怒

处理愤怒情绪是在恢复期面临的最大问题之一。与愤怒相关的最常见的两个问题是愤怒的表达太无拘无束或不合时宜，如经常以敌对、攻击、被动攻击或者暴力的方式进行表达；或者避免直接的、不恰当的表达方式，而将愤怒藏在心里。这两种极端的方式都会造成你的不快乐感，并约束你的人际关系。

任何时候当你感到愤怒时，如果你把所有的都说出来而不考虑结果，那么你的目标将是获得更好的能控制你愤怒的表达方式。你必须三思而后行。另外，如果你克制住你愤怒的情绪，把它们闷在心里，你必须让自己用适当的方式表达出愤怒并且学会用健康的方式与别人分享你的情绪。

焦虑

焦虑情绪在恢复期的早期阶段也是常见的，尽管一些焦虑感会持续数月。焦虑和担忧如同硬币的两面，焦虑指身体方面，通过手心出汗、心跳加速和急躁表现出来；而担忧指心理方面，通过对事件、情境或者人际关系的过分关注表现出来。预期焦虑反映你担心一些可能会发生的事情。例如，在你准备参加一个求职面试前，担心会得不到这份工作；在你准备邀请他（她）一起出去约会前，你就担心他（她）拒绝；在离开家之前你就开始担心你在公开场合会受到打击。总之，当焦虑和担忧导致你出现严重的个人悲痛或者你出现回避人、情境或事件时，这些情绪就会变成一个严重问题。

尽管你对酒精或者药物能保持平静，但如果你的焦虑和担忧持续存在，那么它们将带给你痛苦或者影响你的生活，然后你可能会经受更严重的焦虑，即精神障碍症状，这时候你就需要咨询你的治疗师，让他来测定并评价你是否有一种或者几种精神障碍的表现。如果你有惊恐障碍、广场恐惧症或者广泛性焦虑障碍，你可以从心理卫生专家的治疗中获得帮助。有许多有效的心理或者药物治疗方案能帮你控制你的焦虑障碍。

厌烦和空虚

生活中离开了酒精或者药物就会无聊，尤其是当这些物质和相关活动已经成为你日常生活中的一个重要部分时。这种“简单”的生活最初会被看成一个阻力。你可能失去会喝酒的一些活动，比如聚会，一些获得、准备或者使用药物的地方，或者失去与那些喝酒者或喝酒正上头的那些人的社会交往。随着恢复期的延长，你将会对你的日程安排感到厌烦。你可能必须重新学习如何拥有没有酒精或者药物的快乐，重塑新的兴趣。

当你停止使用酒精或者药物时，你可能发现你暂时对你的工作、人际关系或者生活如何进行感到无趣。在你做任何大的改变之前，确定认真考虑了你的想法。这种类型的厌烦与你对悠闲生活或者社会生活的厌烦是不一样的。要避免因为考虑工作或社交而做出的仓促决定，除非这些工作或者社交是很重要的，如果你重新学会通过不使用成瘾物质而享受生活，你将会发现你先前认为合理的选择曾长期产生问题。

空虚是指在你放弃使用酒精或者其他药物后你对生活持有的空虚感或者空洞感。有时，当你已经节制了几个月且开始困惑之后，你才会经历这样的感觉，然后你就开始想“这些就是全部吗?”你将会发现节制并非全部，并且你可能会感觉你生活中没有什么事情对你来说是有价值或有意义的。持续的空虚感通常是长期抑郁或者边缘性人格障碍的一个症状。如果你有以上一种或者两种障碍，专业的治疗——心理治疗、药物治疗或者共同作用可以帮助你。

抑郁

抑郁通常是由酒精或者其他药物对中枢神经系统剧烈和长期的作用导致。当你停止使用成瘾物质时，抑郁情绪会因为你的身体戒断而产生，也会因为你放弃生活中曾经重要的东西而引发的心理创伤而产生。当你严谨地检验你的生活，并且发现使用成瘾物质给你造成了很大的麻烦和损失时，你也会出现抑郁情绪。尽管在你停止使用酒精或者药物后这些抑郁情绪会消失。但它们还是会表现出一个高的复发风险，尤其是当使用成瘾物质并没有被有效地认识并处理时。

随着你继续对酒精或者其他药品的节制，大部分的抑郁情绪最终会消失。但是，如果你的抑郁在完全戒断的几周或者几个月后仍然继续发作，或者伴随的是一些影响睡眠、食欲、注意力、能量、性欲、因对未来缺乏希望而产生自杀的想法或者产生设计自杀的计划等问题时，你应该立刻去寻求心理健康治疗。如果你目前的治疗师无法评估或者治疗你的抑郁情绪，你可以请求心理卫生专家的帮助，任何临床表现上的抑郁症都可以有效地通过理疗、化疗、电击疗法或者通过这几种方法的综合运用得到治疗。

内疚和羞耻

内疚是指感觉你做了的或者没有做成的行为是错的或者“坏”的。比如，Jerry对与他的妻子争吵，对用家里的钱喝酒，对喝酒时与他的兄弟谩骂和打架，对酒后驾车而被拘留都感觉到内疚。Lavette因忽略他的父母，自己是个不称职的母亲感到内疚。

羞耻是指自己感觉不值得或者“不好”——因为你使用成瘾物质而感觉到有缺陷、软弱或者比别人差。Jack因为自己对海洛因和可卡因成瘾而认为自己就是“一堆狗屎”便是一个最好的说明。

情绪管理的策略

尽管特定的策略有时候被用来处理特定的情绪，但还是有很多常见的策略可以用来处理烦闷情绪。下面总结了一些常见策略，通过例子告诉你怎么用这些策略来处理这些特定的情绪。

- **清楚地认识你的情绪或情感。**提高你识别情绪的能力，为处理这些问题设立不同阶段。早期识别有助于你将问题扼杀在摇篮里。比如，轻微的生气或者抑郁比已经出现几周或者更长时间的严重生气或抑郁要好对付得多。
- **接受你的感觉。**接受你的感觉是确定他们的存在并且知道它们是什么。不要去判断这样的感觉是“错”还是

"对"，是"好"还是"不好"，如果你感觉到了一些，那么事实上对你来说便是存在的，你就需要处理它们。重要的事情不是你感觉到了什么而是你怎么让你的感觉影响你，怎么去控制它们。感觉可能是对情境精确的或不精确的感知，但他本身没有对错，感觉是真实存在的。不管目标是什么，你对感觉的反应对你接近你的目标都可能是有效的，也可能是无效的。

- **了解感觉产生的原因。**如果有可能的话，试着找出你产生特定情绪状态或感情的原因。这有助于你使用最有效的应对策略。例如，如果你因为处于不满意的、长期的或存在心理虐待的主要人际关系中而持续感到抑郁，那么识别这些问题有助于改善你的抑郁，尤其是在你决定处理它时。
- **挑战你的想法。**如果你的想法会产生烦闷的情绪或者感觉。努力去改变潜藏在思维后面的想法和信念。比如，你对一个即将来临的求职面试非常焦虑，并且你对自己说你不会得到这份工作，那么请挑战你的思维。告诉自己"我要在面试中尽我最大的努力，因为我能胜任这份工作，因此我将有机会得到这份工作。"试着说出这些想法，如果可以的话请大声地说，以此来建立你的自信和舒适水平。
- **和你信任的人分享你的感觉。**有时通过这个方法你可以简单地把感觉转化成语言。告诉一个你信任的朋友或者一个家庭成员，"我感到压抑（狂怒、焦虑、担忧、孤单)"。说出来可以帮你感觉到一些放松。有时候，当你分享你的感觉时，你的那些感觉的强度会减少，而且，你将会经常从经历过的事情中获得一种新的判断能力。把你的感觉转化成语言也可以帮助你减少以不恰当的方式表达这些感觉的风险。
- **为你的生活建立合理的安排。**这对于处理在恢复期早期出现的厌烦情绪尤其重要。合理的安排，尤其是参加愉快的活动，可以帮助你减少抑郁和焦虑。为活动订立具体的时间和日期，坚持这些安排可以在你发现丧失了目标和动力的时候帮助你继续走下去。

- **进行体育锻炼或者有创造性的活动。**体育锻炼和有创造性的活动能帮助你减少紧张和压力，降低抑郁和焦虑，释放生气的情绪，提升自我形象。运动、锻炼、音乐、读书、写作、艺术或者其他有创造性的活动都可以帮你表达你的情绪。
- **调节内心。**冥想或者祈祷可以帮助你处理消极情绪，而且还可以减少压力、焦虑、抑郁。这些活动可以帮助你感觉到更有活力、更加积极、更有思想。比如，祈祷经常可以有助于你减轻内疚或者羞愧的感觉。
- **为自己订立目标。**订立目标可以刺激你为了那些你认为重要的东西而工作。目标可以让你繁忙，给你一些要去期盼的事情，以此来减少抑郁、厌烦，可以让你生活有更固定的安排。
- **考虑通过药物来治疗持续的和严重的焦虑或抑郁。**尽管你已经远离酒精或者药物一个月或者更长时间了，但如果你严重的焦虑或抑郁情绪还是存在，如果这些情绪给你造成了相当大的个人压力，如果这些妨碍了你能力的发挥，你可能出现了额外的需要接受药物治疗的心理健康问题。很多不会成瘾的药物对于治疗严重的心理健康问题（比如严重或者持续的焦虑、抑郁或其他情绪）是有帮助的。

家庭作业

✎ 完成情绪工作表来识别和评价你在恢复期内的情绪状态
✎ 发现适合你自己的恢复期应对策略

情绪工作表

指导语：以下各项情绪状态，对你在不使用酒精或药品的情况下，处理这些情绪的难度进行等级评定。然后，选择在你康复过程中最困扰你的两种情绪，并找出应对它们所采取的策略。

0——1——2——3——4——5

无　轻　中　重

情绪	应对情绪的困难程度（0～5）
1. 焦虑和担心	________
2. 愤怒	________
3. 厌烦	________
4. 抑郁	________
5. 感觉空虚—感觉什么事情都不重要	________
6. 内疚	________
7. 羞耻	________
8. 孤独	________

感受或情绪	应对策略
________	________
________	________

第十一章 拒绝别人为你提供的成瘾物质

目标

- 认识那些可能会导致复发的社会压力
- 了解各种社会压力是如何影响你的思想、情感和行为的
- 如何处理使用成瘾物质的社会压力，对其进行计划并开展行动

介绍

康复期可预见的最大挑战是：不懂得拒绝来自使用酒精、烟草或其他药物的社会压力。尤其是在康复的头几个月，你还只是习惯于在独处的时候不吸烟，而并不懂得拒绝别人为你提供的香烟。

导致复发的另一个常见原因是屈服于社会压力。当其他人为你提供酒、香烟或其他药物，并且试图削弱你的意志、引诱你使用它们的时候，你将直接面对这样的社会压力。一些人甚至当着你的面吸食药品，想让你觉得他们很享受，如果你不和他们一起这么做，肯定是你自己哪儿不对劲。尤其当你想要融入一个群体，并且想成为其中一员时，这种局面会使你倍感尴尬。

当周围的其他人都在喝酒、吸烟、吸食药品，甚至试图说服你也参与其中的时候，你会感受到间接的社会压力。一次野餐、家庭或社交聚会、体育赛事，或在其他一些特殊场合，如

婚礼、节日庆祝活动，甚至看电影这么平常的事情，都有可能激起你使用药品的欲望。

预先处理那些能让你产生使用酒精、烟草或其他药物欲望的地点、人、事件、工作、家庭成员、社会场合，有助于你的康复。首先，找出你可能要面对的直接或间接的社会压力；其次，留意每种社会压力是如何影响你的思想、情感和行为的。再次，对如何应对社会压力进行计划并采取行动。最后，评价你处理每种压力的方式是否有效，如果没有效果或者实践证明帮助不大，那就改变策略（图 11.1 阐明了康复过程中可能会存在的社会压力）。

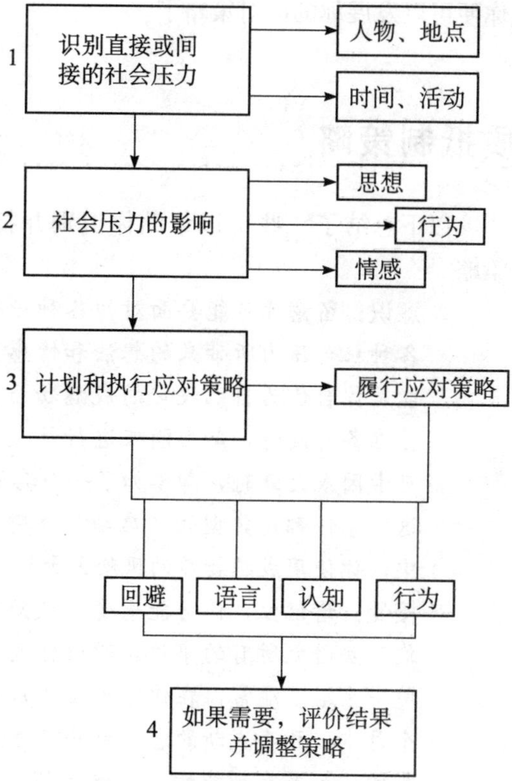

图 11.1　康复期可能会存在的社会压力

压力或提供给你使用的成瘾物质可能来自多种途径，可能是直接提供给你使用、参加有麻醉物品使用的活动等。当其他人为你提供或者在你面前使用成瘾物质时，你仍然有加入他们的意愿或者说想成为他们中的一员。每种社会压力都会影响你的感觉、思想，并最终影响到你的行动。置身于你独有的社会压力中，使你有机会发展和实践积极的应对策略。

就算你能避免一部分压力，但绝不能避免全部的压力。因此，如果我们预先拟定一些不同的、实用的策略应对不同的事件，这将有助于我们成功地应对社会压力。想要摆脱成瘾物质的使用，关键在于当面对一些可能激起你产生使用成瘾物质欲望的无法避免的人物、地点、事件和情景时拥有不同的应对策略。

完成社会压力工作表可以帮助你识别那些可能会使你产生使用成瘾物质欲望的人、地点和事件。当你识别这些压力后，你便可以发展你的应对策略了。

成瘾物质抵制策略

以下总结了一些可以帮助你识别并抵制成瘾物质的应对策略。

- **意识**：留意你可能要面对的各种社会压力。注意那些由各种社会压力所带来的想法和情感。同时，注意那些可能是你自己为自己设定的成瘾物质使用情境。比如，在你准备戒酒时，却去酒吧进行社交活动；在你准备戒断可卡因或大麻时，却参加了一个其他人都在吸毒的聚会。这些事件都是典型的“启动”情境的例子。在启动情境中，你使用成瘾物质的风险大大增加。
- **接受**：请记住，你总能感受到成瘾物质的诱惑，由于我们无法避免所有的事件，所以你要学会接受并在这些情境中生活。通常，在你停止使用成瘾物质的头几周至几个月中，放弃戒断的念头会异常地强烈。
- **避免**：如果有可能的话，避开那些高危人群、地点、情境和事件，尤其当你感觉到自己抵抗别人影响的意志很薄弱或你自己使用成瘾物质的愿望非常强烈的时候。
- **可视化**：设想你在这样的情境中：其他人提供给你成瘾物质，而你在这样的情况下依然自信、坚决地对那些人说“不”，并且能够掌控局面，成功地抵制了来自你身体内部和外部各种想要使用成瘾物质的压力与诱惑。

- **自信心**：自信心是指当别人向你提供成瘾物质的时候，你清楚并且直截了当地对他们说：你将不再碰成瘾物质。自信心让你的态度显得坚决和直截了当，但并不是显得有攻击性。为了帮助你恢复，在你身处那样的情境之前，你可以练习用直接且自信的态度说“不”。与你的治疗师、信得过的朋友、家庭成员一起练习，或者自己对着镜子练习，当你独自在车里、家中或独自工作的时候，你都可以练习当别人向你提供成瘾物质时果断地拒绝他们。
- **支持群体**：和你的支持团体保持联系。别人如何成功抵制使用成瘾物质的社会压力与诱惑，将使你受益匪浅。
- **要把你戒断的目标时刻放在心上**：提醒自己戒断的目标和到目前为止你所取得的成果。定期回顾你的短期计划或目标（几分钟或几天内的目标）以及它们是如何在你的长期目标中发挥作用的。
- **自言自语**：对自己说些打气的话，比如你为什么想要保持清醒以及你是如何成功抵制使用药物的。用恰当的方式提醒自己。对自己说：“我不需要那些药物，我能抵制诱惑”。而不是说，“用一点儿不碍事”。快速地回忆以前使用药物给你的生活带来的各种麻烦；回忆自己在清醒的生活中不断学习和收获的那些情景。
- **应急规划**：鉴于一些情况是无法回避的，你作决定时必须得谨慎。比如，如果你觉得某个提供酒水或者弥漫着烟味的社会或工作事件很重要，你又不得不参加，那么，在那里只待一小会儿，或者与一个知道你要戒酒或者戒烟的朋友相伴。如果你感到自己在某个特别的环境下想要使用成瘾物质的欲望明显增加，马上离开那里。避免长篇大论地谈论你为什么不想待在那里，或者为什么你不再喝酒或不再吸烟，除非你觉得这样对自己戒断成瘾物质有所帮助。

家庭作业

✎ 完成社会压力工作表

社会压力工作表

指导语： 列出使用酒精、烟草或其他药品可能出现的直接或间接的社会压力。根据你的体验，使用如下等级表定出解决每一种社会压力的困难程度。最后，列出你可以采取哪些措施来处理这些社会压力。

0--------1--------2--------3--------4--------5

无威胁　　　　中度威胁　　　　严重威胁

社会压力	困难难度（0～5）	处理措施

第十二章 家庭和人际问题的处理

目标

- 为了减少旧病复发的风险，学会处理与家人以及其他人之间的矛盾
- 审视自己与别人相处的一贯作风
- 开始构想并实施解决矛盾的策略

介绍

在康复期出现家庭矛盾和人际关系困难是常见的，因为矛盾、压力和意见不合在人际关系中本来就极为常见，但如果你缺乏有效的应对策略，解决不了这些迎面而来的问题，将会使你感觉愤怒、精疲力竭和情绪低落，从而导致旧病复发。因此，花一些时间回顾生活中的重要关系，检查其中是否存在严重问题或矛盾，审视到底是什么原因导致了这样的关系问题，然后制定用来解决你人际冲突的策略。

有时候人际问题非常明显。比如，Art 因为聚餐时他的妻子当众使他感到尴尬和被羞辱而十分生气；当 Helen 的丈夫忘记她的生日时，她感觉沮丧；Curt 和 Kathy 一直为金钱、性生活、孩子以及其他一些琐事而争吵。他们彼此感觉糟糕，婚姻走到了崩溃的边缘。

另一方面，人际矛盾有时又很隐蔽。有时，你可能会觉得你和某个人的关系有点不大对劲。比如，Megan 和她的姐姐

Jan 以每个人都很忙为借口，很少组织两个家庭的共同活动。然而，在 Megan 内心深处两家之间有一种说不出来的紧张关系，尽管她从不承认这是有意针对她的姐姐 Jan，但是她从不把 Jan 的丈夫当回事，甚至感觉有他在场时就不舒服。Megan 也不清楚这是什么原因，她的不舒服体现在减少两个家庭间的彼此接触上。

有时候，除非你反复地仔细思考、推敲，否则你可能意识不到你和家人之间存在问题。比如，Juan 和她的父母虽然只相隔几小时车程，但 Juan 很少拜访他们，Juan 和她的父母也很少通电话。双方都对外宣称“这些天大家都很忙”。然而，经过进一步的推敲，Juan 承认，她每次拜访父母时都很恼火，因为她的母亲会不停在她耳旁抱怨她的父亲，而她的父亲喜怒无常、吹毛求疵，且不善交际。此外，Juan 还被另一件事情所困扰：她的父母很少拜访她家，对她三个孩子的生活也毫无兴趣。

完成关系工作表，这可以帮助你解决与别人相处时产生的一些具体问题。同时，完成交际模式工作表可以帮助你审视自己与人相处时通常所采取的态度。它可以帮你决定你在与别人交往方面是否需要改变。

倾听家庭成员的经历

如果一个你所深爱的家人在使用成瘾物质，通常你会很痛苦并感觉受到伤害。你的家庭可能也因此而显得无生气，尤其当成瘾物质的使用导致你对家人进行殴打辱骂时。使用这些药物使你变得无法捉摸，也让你变成一个不称职的配偶、家长或者家庭成员，导致家庭财政开支入不敷出，无法满足你家人情绪上的依赖、财政上的需求或者导致严峻的医疗问题。完成家庭影响工作表可以帮助你认识到使用成瘾物质给你的家庭所带来的影响。

倾听你所深爱的家人诉说你使用成瘾物质给他们造成了怎样的创伤，尽管这可能很痛苦，但这至关重要。这需要你耐心、不带防御地倾听，不为你曾经的行为寻找任何借口，并且你要愿意接受家人的痛苦情绪。许多康复计划要求你进行“补偿”：

这是一种具体的过程，用来减少成瘾物质带来的伤害及破坏（和主办人或顾问一起回顾 AA 或者 NA 的步骤 8 和 9）。“补偿”的形式因人而异。你的康复是高度优先的。请家人也加入进来，并且倾听他们的经历，这就是启动“补偿”过程的一种方式。

社会和工作关系

你可能曾经利用、欺骗、操纵、忽视或滥用你的朋友或工作伙伴，所以除了家庭关系以外，其他关系也可能会因你使用成瘾物质而造成负面影响。比如，Serena 经常因为前一天晚上参加聚会而在第二天上班时迟到，这个时候，她的同事会为她掩盖迟到的事实，或者为她做一部分工作。Alex，一位大学教授，没有完成他所在的科系应该承担的那部分工作，尽管他为此找了一大堆荒诞的理由，但其他教职员工仍然很生气、很失望。Alex 经常为自己错过会议找一大堆荒唐的理由。

改善关系的方法

下面的一些策略可以帮你处理人际问题和人际矛盾，同时也可以帮助你改进与家人以及其他一些对你来说非常重要的人之间的关系。

- **指出人际矛盾和问题。**留意你具体的人际矛盾和问题，根据优先原则排列这些问题，并且致力于改进其中一到两个对你来说最重要的关系。要记住，这些矛盾可能表现得很明显，也可能很隐蔽。
- **明确你在矛盾中扮演的角色。**避免推卸责任。人际问题通常有两个人才能产生，它由你对具体事件的理解和你的交际模式所造成，而不是具体事件本身。比如，你很具攻击性，那你就得变得温和一点；相反，如果你太消极并总感觉自己是其他人的牺牲品，那你就需要增加自信；如果你的交际模式使人际关系产生了严重问题，就需要和治疗师一起在你的交往方式上做出一些改变。

- **直面你的矛盾。**人际矛盾通常不会自己消失，也不会因为你的视而不见就能自行解决。处理迎面而来的矛盾，而不要指望着他们自己消失，也不要拖延下去，因为这样会使矛盾愈演愈烈。当你和对方共同探讨你们之间存在的问题时，控制住自己的感情和行为。必须接受这样的事实：矛盾是人际关系中正常的一部分，它可以为你们以后发展进一步的关系提供机会。的确，有一些夫妻从没有与对方发生过矛盾，彼此相敬如宾，但那很可能是基于他们的一种共识：不反对任何事情、不向对方吹毛求疵，或者不主动制造任何矛盾。
- **直接表达你的感觉。**健康的人际关系要求一种能与别人分享自己感情的能力，包括表达消极的情绪，如生气、失望；也包括表达积极的情绪，如爱和欣赏等。许多人更倾向于分享消极的情绪，但是这并不够，还必须对你最亲密的人表达感激之情、爱和其他一些积极的情绪。表达你的感情的方式也很重要，你需要注意自己说话声音的高低、面部表情、动作以及选词用语等。比如，当你以很坦率的方式告诉你的爱人你很生气，这就意味着你想和他（她）以沟通的形式消除矛盾；相反，如果你用一种充满敌意的态度来表达你在生气，这不是在解决矛盾，而是在促使对方离开，从而使问题变得更严重。
- **请你的家人加入你的康复计划并陪伴你一起生活。**如果可能的话，让你的家人参与一部分治疗会议，并邀请他们参加像 Al-Anon 或者 Nar-Anon 这样的自助讲座。让家庭帮助你康复有很多好处：他们可以更加了解你在戒断过程中的感受，给予你支持，并和你分享他们的感受和经历；当家庭成员也加入到康复计划时，他们有时也将能解决一些他们自己的情绪和问题。即使你已经参与了大量的互动性支持团体，也仍然需要密切关注你的家庭，这将使你不至将自己的全部心思都花在自己的康复上，而忽略了家人的需要。
- **鼓励你的家庭成员进行分享。**请那些和你亲密的人分享一下你使用成瘾物质给他们造成的影响。这样，你可以对他们的观点和态度有更深刻的了解。由于家庭成员和你亲密的伙伴看见的是你使用成瘾物质时最糟糕的那些表现和行为，所以，不管怎样，做好心理准备听一些不中听的话。

- **在与使用药物的家人好友交往中所应采取的措施。** 当你的家庭成员或亲密伙伴使用药物时，避免待在他们周围，同时让他们知道你现在正在戒断，这个时候待在他们周围很容易受到他们的影响。如果你的配偶或伴侣也在吸毒，你将面临一种特殊的压力，并且你需要找到缓解这种压力的最佳方案。在你努力想要康复的时候是否需要继续你们的关系取决于这样一些因素：你们在一起多久了？你们如何致力于彼此的幸福？当你的伴侣深陷药物时，你仍能拒绝诱惑是否现实？你的伴侣是否愿意接受他人的帮助？或者和你一起开始戒除毒瘾，彻底摆脱药物？
- **在与吸烟或喝酒的家人好友交往中所应采取的措施。** 就算你的家庭成员、朋友没有过度吸烟或饮酒，只要你还感觉到和他们在一起有压力，就尽量减少和他们相处的时间。如果你担心自己会复发，就彻底地离开那种环境。让那些和你关系密切的人知道你正在尝试戒除烟酒，这是很有用的。如果有人来拜访你，你有权禁止他们在你家里吸烟喝酒。让你的朋友事先知道你正在戒除烟酒，他们会更容易理解你的做法。
- **与过量饮酒的伴侣交往中应采取的直接措施。** 如果你的配偶或伴侣有明显的酗酒问题，他（她）会在你面前喝酒，对于你来说，想要时刻保持清醒就更加困难了；如果你的配偶或者伴侣拒绝戒酒或者拒绝其他人的帮助，那么，你该判断一下你们之间的关系是否会对你的康复带来阻碍。对过度饮酒的家人或朋友，最好采用建议的方式劝他们寻求帮助，而不是对他们进行说教。
- **承认错误。** 如果你在处理一些重要的关系时犯了错误，不要狡辩，向对方承认自己的错误，并且尽量避免下次再犯同样的错误。
- **妥协。** 彼此之间的关系需要让步或妥协来维系。就算你觉得自己的观点是正确的，有的时候也需要做出一些让步。因为你认为正确的事情，别人也许不赞同。妥协还包括和别人一起做你不是特别喜欢做的事情，而你做这些事情的理由是因为这个人对你来说很重要。

- **培养对你来说十分重要的关系。**最稳固且最令人满意的关系是通过主动培养建立起来的。培养关系的一种方式是：主动去做并主动提及某些让对方欣赏的事情。通过这种方式，你不仅解决了问题，还巩固了你们之间的关系。
- **如果问题持续存在，请寻求家庭顾问的帮助。**如果除了以上方法，或参加自助计划，你依然无法自行解决你家庭或重要关系方面的具体问题，那就去寻求家庭或关系顾问的帮助。

家庭作业

✎ 完成人际关系评估表
✎ 完成交际风格评估表
✎ 完成家庭影响评估表

人际关系评估表

指导语：描述你生活中出现问题的人际关系。写下你可以通过何种方式对此关系加以改善。

问题所在	改善方式

交际风格评估表

指导语：下图是一张交际风格评估表。在第二栏中，把对你描述程度正确的选项圈出来，并完成后面两个问题。

	不是我		有点像			正是我
1. 会把内心想法或感受直接告诉别人，从不掩饰	0	1	2	3	4	5
2. 会担心他人的情绪，并压抑自己的感受	0	1	2	3	4	5
3. 生气的时候会斥责对方	0	1	2	3	4	5
4. 经常和别人分享快乐心情	0	1	2	3	4	5
5. 常常批评别人，并发泄自己的负面情绪	0	1	2	3	4	5
6. 很难去跟一个陌生人说话	0	1	2	3	4	5
7. 认为自己是个害羞的人，很难对别人敞开心扉	0	1	2	3	4	5
8. 很容易和别人找到共鸣，我喜欢交新朋友	0	1	2	3	4	5
9. 能让熟悉的人了解什么是对我重要的	0	1	2	3	4	5
10. 不喜欢与人争论，并尽力避免争端	0	1	2	3	4	5
11. 很容易被别人占便宜	0	1	2	3	4	5
12. 认为自己是个好胜的人	0	1	2	3	4	5
13. 认为自己充满自信	0	1	2	3	4	5
14. 觉得自己逆来顺受，而且比较被动	0	1	2	3	4	5
15. 尽量回避需要在众人面前说话的场合	0	1	2	3	4	5
16. 把喝酒、抽烟、嗑药作为社交手段	0	1	2	3	4	5

写出你想改变的一种人际风格

列出你可以采取哪些步骤去改变这个行为

家庭影响评估表

指导语：列出你的家庭成员。然后描述你的物质成瘾等相关行为对他们都产生了哪些影响。

家庭成员	我的药物成瘾造成的行为/后果

第十三章

建立康复支持系统

目标

- 建立康复系统的好处
- 找出可以帮助你的人和组织
- 克服想寻求帮助时产生的障碍
- 学习建立并使用一个有效的康复支持系统

康复支持系统的好处

在你想要摆脱酒精、烟草或其他药物问题时，那些可以为你提供帮助的人和组织组成的系统就是康复支持系统。一个积极的支持系统，通常会给你带来意想不到的收获，也可以使你获得力量，看到生活的希望，吸取支持系统所能学到的经验和建议。

在康复系统中，一方面，你可以在自己的困难时期向别人学习；另一方面，你可以分享自己所获得的成功，你所达到的积极目标。在这个支持系统中，你们还能分享彼此间的兴趣并参加各种活动。

从“我”到“我们”的观念转变有助于康复是众所周知的。尽管从长远来看，自立对康复有益，但在早期阶段，借助他人的帮助对你是否会再使用酒精或者其他药物起着重要的作用。

正如我们在第十四章中所讨论的，相互间的支持和康复俱乐部在你的康复过程中起着关键作用。你既能从伙伴的自助计划中获益，也能从这些计划所用的具体康复方法中获益。

康复网络工作表

这个工作表将帮助你找出那些可以为你帮助的人和机构，它也可以帮你认识到那些独特的个人和组织所具有的潜在优点。

尽管康复支持网络颇有益处，但实际操作起来，你可能会觉得向别人求助、寻求别人的支持存在很多困难。这可能是因为你对自己先前的行为感到尴尬、害怕或有负罪感，并且觉得自己缺乏自信和社交技巧；或者是觉得自己并不需要别人的帮助，自己能解决自己的问题；或者认为向别人寻求帮助肯定会遭到拒绝。求助的另一个误区是向错误的对象求助，即向那些不理解你或者不相信你会戒毒的人求助。

一旦了解到究竟是哪些障碍在阻碍着你向别人寻求支持，你就可以开始努力去克服它们了。比如，Tina 认识到害羞和害怕被拒绝是自己主要的障碍，于是她和她的治疗师就如何与别人沟通进行了练习。经过一段时间的反复练习后，Tina 已经能够自如地向别的 AA 成员寻求帮助。她审视自己的内心，问自己拿什么来证明别人肯定会拒绝她，由此来克服自己害怕被拒绝的心理。事实上，Tina 发现，只有在一种情况下人们才会拒绝她，那就是向臭名昭著的反社会分子或那些难以相处的人寻求帮助。在另一个例子中，Tyrone 发现自己的骄傲和自负是他向别人寻求帮助时的障碍。Tyrone 是一位明星球员，在队伍中总是扮演着主角，他不习惯于向别人求助。然而当他相信他的尊严不会因为向别人寻求帮助而受到损害的时候，他开始尝试向别人求助。Tyrone 尝试向另一个已经戒断的球员求助，并告诉自己这是有好处的。这种尝试使 Tyrone 在处理自己的药物使用问题上更有成效，这使他能够专注于自己学术与体育上的目标。

怎样寻求帮助和支持

当你选择了正确的求助对象时，他们很可能会为你提供一些实实在在的帮助。要用直接的、有针对性的方式告诉他们你想要的是什么。参照以下几个例子。

Frank，很高兴你能作为我的支持者来帮助我。我很欣赏你在康复期的做法以及你自我分享时的那种坦率态度。

Marie，我戒烟了，下周末你愿意来我家和我共进晚餐吗？如果你想吸烟，请到外面的走廊。因为就算只是闻到香烟的味道，都会引起我吸烟的欲望，希望你能体谅我的这个要求。

父亲，我同意你说的话，酗酒对我来说确实是个严重的问题，为了戒酒，在Tim的毕业典礼上，我将不再提供酒水，希望您能谅解。

Lynn，我很想和你一起去NA的会议。我一个人去会紧张，希望你能陪我一起去。

David，我很怀念过去与你在户外工作的经历，我改掉了一些坏毛病，并且还回到了健身房重新开始健身。我还想和你一起跑步，一起外出工作。

Melissa，我知道你两年前戒了烟。在休息的时候，我不想和别人一起吸烟，所以，我想在休息的时候和你待在一起，以免我对吸烟的人发脾气。

Fran，我如此深陷药物，我甚至能感觉到药物钻进了我的静脉。现在我站在加油站前，正如你建议的那样，在想要服药之前给你打个电话。我们能在NA会议之后见个面，然后来杯咖啡、聊聊天吗？

创建一个支持网络的方法

以下总结出了一些方法，可以帮助你发展并有效利用康复支持系统。

- **找出支持你的人。**如果你想将某些人放入你的支持网络，先了解他们，思考他们将怎样帮助你，他们是否能够提供及时的帮助。
- **直接求助。**当你寻求帮助或支持的时候，尽你所能详细描述，并做实际的尝试。当你说出具体要求的时候，提前练习你要说的内容，这可能会让你感觉更自然更放松。

如果你选择了一个曾经因为你使用药物而受到伤害的人，确保在你寻求帮助之前对其进行弥补（见第十二章），以缓解那些尚存的糟糕情绪。

- **参加组织。**除了参加那些特别针对戒断的康复自助组织外，你还可以考虑加入教堂、社区、社会团体和体育社团等类似的组织。在组织中积极地活动，可以增强你与别人交往的欲望，增加许多向别人学习以及一起参与休闲活动、政治活动、创造性活动或者宗教活动的机会。
- **积极活跃。**如果你加入了康复组织，每天都尽量找一个和别人谈论的主题，尤其在你康复的头几周或几个月。你的联系人名单至少要保持10条记录。
- **直面你拒绝求助的理由。**就算人们认为寻求别人的帮助很有价值，但人们总会有自己各种各样的原因而无法向别人求助（这时候通常会出现这样的语调："嗯"，"但是……"）你可以参考以下几个例子，指出自己无法求助的理由。

  "我知道像我一样正在戒毒的那些人应该会愿意和我谈话，但是我不想麻烦他们。"

  "我知道支持者有助于我远离可卡因，但是，如果我选择的支持者并没有一个好的工作计划，那怎么办呢？"

  "我知道我应该告诉我的父母，当他们喝酒的时候我不想待在他们的周围，但是我不想伤害他们的感情。"
- **留意那些能令你愉悦的活动，而不仅仅是关注康复问题。**每周至少做一件能令你开心的事，如寻找有奖励的节目或其他成员参加的能令你愉快的社会事件或活动。

家庭作业

✎ 完成康复网络工作表

康复网络工作表

指导语：写出你认为在你的康复支持系统中能起到重要作用的个人和

组织机构。然后列出如果让他们加入关系网，可能带来的好处。

个人/组织机构	可能带来的好处

第十四章

自助项目和康复俱乐部

目标

- 学习现有不同风格的互动自助计划
- 选择适合你的计划风格

介绍

现在有许多自助项目都可以帮助你处理自己的成瘾物质使用问题。最常见的有：匿名嗜酒者互助会（Alcolics Anonymous，AA）和匿名吸毒者互助会（Narcotics Anonymous，NA）。所有的自助项目都希望那些酗酒者或吸毒者能够互相帮助以摆脱困境。有些人终身参与这样的自助项目；有些人只参加一段时间；还有一些人每当感到有需要时，就会加入自助项目。读完本章后，你可以完成自助项目工作表，这可以帮助你认识这些项目的潜在优点。在附录部分，有一个关于自助组织地址和电话号码的名单。

尽管自助组织会采用不同的哲学理念和方法，但其中的大多数都包括了以下几点：

- **友谊。**具有相似问题的人（如酗酒、吸毒或者二者兼备）。互助的方式有三种：（1）随时互相分享他们的经验；（2）“赞助”新人（通常在AA和NA这样的机构中）；（3）随时能够共同探讨他们共同关注的内容，比如：如何克制使用成瘾物质的欲望；如何从一次复发中挣脱出来；如何消除那些因为使用成瘾物质而对家人和其他人造成的伤害等问题。

- **康复会议。**会议内容包括：讨论康复中的问题、倾听他人分享吸毒和康复过程中经历的故事。
- **计划执行的步骤和指导方针。**计划执行的步骤和指导方针是指，针对酒精和药物问题你所能采取的具体措施，比如像 AA 和 NA 使用的“12 步骤”这样的计划，其实这不仅仅是一种克服药物的方法，还是一种生活方式。
- **自助文献。**你可以从戒断者写的手册、书籍和磁带中提取有用的信息，从中汲取鼓励，点燃自己生活的希望。
- **社会事件。**一些如 AA 和 NA 这样的自助计划，会举办一些诸如节日庆典之类的活动。这些社会事件可以给你提供一个没有药品的环境。在那里，你不会感觉到有使用成瘾物质的压力，可以尽情享受欢乐，结识新的朋友。

12 步自助项目

匿名嗜酒者互助会和匿名吸毒者互助会

任何想要戒酒或戒毒的人都可以加入非营利性的康复计划组织，如 AA/NA 和其他一些 12 步康复计划组织。这些自助组织成立的一个前提就是：组织成员之间相互帮助，从而达到戒断药物的目的。这些自助计划组织是全球最大、最具影响力的机构，经常在全世界范围内举办一些相关的会议。

AA 和 NA 认为，酗酒者和吸毒者在身体、心理、社会和精神上都出现了问题。康复过程就是指由寻求戒断的“康复成员”转变为已完成戒断的“支持者”的过程，在这个过程中，一共要通过 12 个步骤来克服不同的问题。另外，在 AA 和 NA 中还有一些项目，比如讨论和组织会议等。成员通过互换电话号码、一起参加会议、提供相互支持来互相帮助，并且庆祝在康复过程中取得积极的成果。

AA 和 NA 有许多“特殊”会议，如为需要康复的新成员、同性恋者、商人、年轻人、医护专业人员和那些具有共病疾病的人士（同时具有成瘾物质使用问题和精神疾病）等特殊的康复群体所组织的会议。

12 步骤计划的一个主要组成部分依赖于更强大能量的帮助。尽管一些人觉得这种做法在他们的康复过程中是可以被接受并且有所帮助的；但另一些人会因为 12 步骤总是和精神或宗教有关而觉得不妥或不舒服。这时，你可以有以下几个选择：在这个计划中仅仅参加哲学性的、让你舒服的那一部分；寻找其他不强调依赖于更强大能量的自助计划，如理智康复（RR）或自我控制和康复训练（SMART），或者秉持一种开放的态度来省视这种更强大能量是否能为你的康复提供一些帮助。

匿名吸烟者和匿名尼古丁成瘾者互助会

这些计划为吸烟者提供了戒断的 12 步骤，与其他所有的 12 步骤计划相仿，这些计划不只集中于阻止吸烟行为，同时还通过改变你自身及你的生活方式，来帮助你远离香烟和尼古丁。

匿名双重问题互助会

这个计划与 AA 和 NA 的主要区别在于，其成员具有成瘾物质使用和精神障碍的双重困扰。12 步骤计划做了适当的修改，从而适用于精神疾病患者。

其他 12 步骤项目

其他很多 12 步骤项目针对的是药物成瘾和其他一些生活问题。这些组织包含了匿名的情绪问题、情绪健康、赌博者、大麻吸食者、暴食症、性爱成瘾、购物癖等互助会。

其他自助项目

其他一些自助项目可以作为 AA 和 NA 的补充。每个计划都有其特殊的哲学原理、康复方法、写作文学和会议形式等。

有一些计划更为常见，包括理性康复、自我控制和康复训练(SMART)、女性戒酒组织、男性戒酒组织和适度管理。绝大多数自助计划都旨在帮助人们戒除并最终摆脱药物。但适度管理是个例外。它是一个备受争议的、面向没有酒精的躯体依赖人士的自助计划。适度管理疗法对两类人是不推荐的：因为饮酒而导致或加重躯体或精神症状的人；正在使用的药物可以与酒精发生作用的人。适度管理并不是一种帮助长期酗酒者“控制饮酒”的疗法，而是一种解决不当饮酒的疗法。适度管理用九步骤康复计划帮助人们缓解酒精使用带来的问题。

可供选择的会议数量有限，这是一个重要问题，在一些领域甚至都没有选择的机会。同时，一些治疗计划和专家推荐的大都是AA和NA。

康复俱乐部

人们可以在康复俱乐部中进行酒精和药物戒断。在俱乐部中，你接触不到任何药物，并且可以参加康复会议、舞会或者其他一些社交活动。很多组织还会在你用餐、喝咖啡或者用茶时，为你提供一些非正式的会谈机会。

使用自助资源

在自助组织或康复俱乐部中，你可以采用以下的多种方式进行自助：

- **接受教育。**了解你所在区域的各种自助计划和康复俱乐部。阅读与这方面有关的信息手册和书籍，如匿名嗜酒互助者（“Big Book”）、匿名吸毒互助者（“Basic Text”）、小书（理性康复）和适度饮酒（适度控制）等，来学习不同的计划（详见参考文献及建议读物）。这些材料可以在书店买到，也可以通过赞助自助计划的组织或在当地的自助会上买到。
- **考虑你的选择。**去发现当地有些什么自助计划，如果有计划引起了你的兴趣，考虑一下它的优劣势。如果想从自助计划中有所收获，没必要勉强你自己去接受这个计划的理念。要问你自己：它对我有帮助吗？而不是问你自己：我会喜欢这个计划吗？

- **保持开放的态度。**许多人对自助计划缺乏正确的认识，或者说，并不了解是什么在自助计划中发挥着作用，比如，一些人认为他们在自助计划中所要做的就是：不得不站在一群陌生人面前承认他们是酗酒者或者瘾君子。实际上，你没有必要这么做，除非你自己愿意。对大多数成功戒断的人来说，他们所考虑的是一个具体的计划将能如何帮助你，而不是你不喜欢它的哪些方面。
- **回顾先前的经历。**回顾你先前参加自助计划或者康复俱乐部的经历，然后指出，什么最有帮助，什么最没有帮助。一个具体的自助计划在过去可能对你没什么帮助，但绝不是说它现在也不会对你起作用；如果你真的努力尝试了一种自助计划，到头来发现没什么效果，那就尝试另一种风格的自助计划。
- **尝试参加多个会议。**关于自助计划是否能帮助你，在你下最后结论之前，试着多参加几个计划。不同计划之间在内容和组织方式上千差万别，所以仅仅凭借几个计划就下定论是不妥当的。你可能会觉得有一些计划比另一些对你来说更有帮助。
- **获取一张自助会名单和联系方式。**询问你的治疗师或直接参考电话簿，以获取一张你所感兴趣的自助会的电话号码。如果独自去这样的会议感到很不自在，可以向你的治疗师要一张当地各种会议的电话名单或者直接借助电话簿去查询你感兴趣的自助组织的电话号码，与其他正在戒断中的人一同前往，也可以打电话给当地办公室或者自助组织，邀请一个临时的支持者陪你同去。
- **建立联系。**获取一张其他自助团体成员的电话簿，并学习如何向外界人士寻求帮助与支持。如果你觉得向他人求助是一件很困难的事情，可以就此问题请教你的治疗师，让他告诉你该如何向别人求助。
- **寻找意义。**你有责任在自助计划或者会议中寻找一些积极有用的东西，不管其帮助看起来有多么微弱，而不是总将注意力投向那些你不喜欢的部分。

- **确立支持群体。**有的人认同你的人生理念，但并不面临你所遇到的问题，与他们建立联系，可能会给你带来一些好处；但是，与和你有相似问题的人建立联系所能带给你的好处，要比前者多得多。

  不用在意一个群体所认同的人生理念是什么，只要你喜欢他们，就和他们建立联系，并将其确立为自己的支持群体。

家庭作业

✎ 完成自助项目工作表

自助项目工作表

指导语：完成下列题目，帮你确定自助项目如何能帮助你停止酗酒、抽烟或嗑药，并降低复发率。

1. 描述一下你向他人寻求帮助时的感受。

____

____

____

____

____

2. 概括一下你在以前参加过的互助项目（优点和缺点）。

____

____

____

____

____

3. 列出参加自助组可能的缺点。

____

____

____

____

4. 列出参加自助组可能的优点。

____

____

____

____

____

5. 哪个或哪些具体的自助项目让你觉得在戒酒、戒烟、戒毒方面能起到积极作用?

____

____

____

____

____

第十五章
成瘾物质使用问题的药物治疗

目标

- 认识能帮助你康复的各种药物
- 了解人们在使用药物时出现问题的原因
- 认识戒断症状
- 了解精神药物对药物或酒精成瘾的影响
- 对自己是否需要药物治疗作出决定

物质依赖的药物治疗

如果你对成瘾物质有躯体依赖，药物治疗有助于你安全、舒适地从成瘾物质（如酒精、阿片或镇静剂）中戒断。而治疗的药物则取决于你对何种药品成瘾。

药物可以代替使你成瘾的药物，例如：在一些注册过的戒除成瘾物质的诊所，美沙酮维持疗法（MM）可使海洛因成瘾者从对街头药品成瘾转变成对美沙酮成瘾。尼古丁取代疗法以戒烟香口胶（力克雷）、补丁（戒烟口香糖）或者鼻腔喷雾剂（尼古丁吸入）的形式帮助人们戒烟。

拮抗剂或混合替代药物疗法（激动剂/拮抗剂）用来治疗阿片成瘾。纳曲酮（盐酸纳曲酮）可以“抵抗”海洛因的作用，因而当注射海洛因的时候，海洛因不能产生致幻作用。丁丙诺啡（盐酸丁丙诺啡）是一种更新的药物，具有取代和抵抗阿片类药物的双重效果，它能帮助海洛因或者其他阿片类药物成瘾者戒除毒瘾，丁丙诺啡还可以用于成瘾者的维持治疗。只有注册的治疗诊所，或接受过专门训练及拥有使用成瘾物质证书的私人内科医生才有资质管理这些药物。

药物被用来减少对酒精及香烟的渴望，比如：丁丙诺啡（盐酸丁丙诺啡）和阿坎酸（坎普拉尔）可以减少对酒精的渴望；安非他酮（安非他酮缓释片）可以减少对香烟的依赖。

“厌恶疗法”中使用双硫仑治疗酗酒，如果在使用双硫仑的同时又喝酒（在使用最后一剂双硫仑后，双硫仑和酒精的效用在体内可以维持7～14天），会感到恶心。这种厌恶的反应可使一些酒精成瘾者不再饮酒。它的原理即“耗时间”，所以就算这个人想要喝酒也不会喝了。如果她想等双硫仑药效消失再喝酒，等真正药效消失的时候，她很可能已经不想喝了。

你可能需要面对这样的压力：康复期间来自他人的不再使用任何药物的压力。有些人会被误导，对“药物疗法”持有错误的观念，把他们看成是和成瘾药物一样的东西而看不见这些药物的潜在好处，尤其是美沙酮，这是一种使人们在摆脱药物的同时还能改善生活的药物。记住，别人有权力发表他们的观点，但是你也有权力使用药物来帮助你戒除酒精或其他药物。

使用药物的态度

关于药物治疗，你将面对许多态度问题。首先，你不得不承认，治疗成瘾或精神疾病的药物，与酒精或药品的致幻作用是不同的。你使用药物是用来治疗某种障碍或者缓解某些症状。你不应该因为使用药物治疗而有罪恶感，也不应该觉得他们是“拐杖”或者感觉你需求他们的理由站不住脚。有人讨厌这样的观点，即：他们不得不依靠药物来治疗他们的“成瘾”或“精神障碍”状态。他们和医生、治疗师、家庭成员为此发生争吵。有些人甚至完全不使用药物治疗，或者只使用很短的一段时间后就马上停止服药。

第二个问题是当症状得到控制并感觉有所好转的时候你就想停药。除非你事先跟治疗师或医生谈过这个话题，否则绝不能停药。很多在经历一段感觉不错的时间后就擅自停药或减药的患者都会成瘾复发或精神疾病复发。就像是你不应该停止服用治疗高血压、糖尿病或其他疾病的药物一样，你也不能在没有与照料者谈此话题之前就擅自停止服用治疗成瘾或精神疾病的药物。一旦有这种想法，你需要与医生、治疗师或咨询师、或 AA/NA 担保人讨论你任何擅自停药的想法。其他人会帮助你检查想要停药的真实原因。

第三个问题是药物治疗的副作用。如果你使用药物时出现令人不悦的副作用，并且这种不适持续了一段时间，你需要咨询你的医生是不是应该换药，或者采取措施来缓解副作用。有些副作用会很快自行消失，有些副作用在一段时间后会有耐受性。

第四个问题是如果你的症状不如你想象中改善得那么明显，你会感到沮丧。治疗有时候对某些人没有效果。他们可能在一段时间内尝试多种药物，如果找不到对他们起作用的药物，他们就会感到挫败，这时你需要耐心，药物对每个有相同症状的人的效果并不完全一样。我们看到过许多正在戒除阿片的人，他们表现得非常烦躁。如果他们的症状不如想象中消失得那么快，他们通常就会做出一些愚蠢的决定，拒绝戒毒计划，抵制医疗咨询。药物治疗不是对每个有相同症状的人都一样有效。

第五个问题是过分期待，指望药物能解决你所有的症状和问题。药物不能带走你生活中的所有问题，虽然药物可以控制或减轻症状，但是一些慢性或永久性的症状会保留下来。你必须努力学会和它们共存。所以在药物治疗的同时需要配合参加一些如 AA 或者 NA 的自助计划。

成瘾物质的戒断

正如我们在第四章中所讨论的，如果你对酒精或其他药物具有躯体依赖，靠你自身无法戒除，或者在你戒断时出现过并发症，如抽搐、震颤性谵妄（DTs）、严重抑郁、精神症状或者自杀感觉，你应该寻求医学治疗来帮助你渡过戒断过程。专业人员知道你需要哪种类型的治疗来帮助你戒断毒瘾。药物可以减少、阻止或防止戒断综合征。

酒精戒断

长期酗酒、突然停止饮酒或明显减少饮酒量，当天便会出现戒断症状，并在第二天或者第三天达到高峰，症状包括：双手、舌头或眼睑震颤，恶心，呕吐，虚弱，出汗，血压升高或者窦性心动过速，焦虑，抑郁，或者易激惹，直立型低血压。更严重的戒断症状包括：妄想（错误的信念）、幻觉、抽搐，或者激越行为。酒精戒断可持续许多天，同时可能需要使用镇静药物，如为你安、利眠宁或者舒宁。

抗抑郁药物戒断

长期、大量使用其他抗抑郁药物，比如镇静药和利眠宁，能导致类似酒精戒断的戒断症状。撤除抗抑郁药物，应逐渐减少抗抑郁药物的用量，或使用一种与成瘾物质在中枢神经系统具有类似效用的药物。

撤除长效的镇静药物需要一段时间。

阿片制剂或者麻醉制剂戒断

大量长期使用阿片制剂或麻醉制剂的戒断症状包括：流鼻涕、流泪、瞳孔散大、寒战、出汗、腹泻、打呵欠、轻度高血压、窦性心动过速、高热和失眠。戒断症状出现的时间取决于你使用了何种成瘾物质和成瘾的持续时间。一般在停止使用阿片制剂或麻醉制剂 6～12 小时后，戒断症状开始出现，并在第二天或者第三天达到高峰；7～14 天内便可以结束。医学手段控制的阿片制剂或麻醉制剂的戒断药包括美沙酮、丁丙诺菲或氯压定。

可卡因和兴奋剂戒断

长期使用兴奋剂后的戒断症状经常表现为抑郁、疲劳、睡眠障碍和梦境增加。虽然可卡因和兴奋剂成瘾没有明显的戒断症状，药物对帮助人们渡过戒断过程仍有意义。

人们对可卡因和其他兴奋剂成瘾的治疗进行了大量研究，尽管这些药物如类可卡因效果的（如安非他明、利他灵和皮莫林），拮抗可卡因效果的（如丁丙诺啡和马吲哚）和减弱可卡因效果的药物（如SSRI类抗抑郁药、巴克诺芬和加巴喷丁）有它们的优势，但没有一种药物是持续有效的。

尼古丁戒断

尼古丁戒断症状在烟草完全停止使用或用量显著减少的几小时内便会出现，这些症状包括使用烟草的强烈欲望、易激惹、焦虑、注意力不集中、不安、头疼、嗜睡、胃肠功能紊乱等。尼古丁香口胶或补丁可用来帮助个体逐渐地从香烟这类烟草产品中戒断。尼古丁香口胶或补丁可以帮助尼古丁依赖个体逐渐脱离烟草。尼古丁香口胶可以帮助人们把尼古丁戒断症状减少到最轻，并在人们摆脱烟草的最初几周至几个月内减少再燃的风险。但是，这也是会成瘾的。如果你出现了例如近期心肌缺血、血管性疾病、心律不齐、上消化道和消化道溃疡、口腔或者喉咙炎症等情况，就不要再使用。一些人会抱怨出现打嗝、反胃、下颌刺激以及食欲差等副作用。尼古丁补丁通过降低压力、减少焦虑、易激惹、不安和尼古丁渴求帮助缓解戒断症状。补丁通常花24小时将尼古丁缓慢释放进你的身体系统。补丁能帮助人们保持几周，甚至更长时间撤除尼古丁。

尼古丁鼻喷雾和鼻吸剂是另外两种有助于撤除尼古丁的方法。

案例：Lorraine（尼古丁含片治疗）

Lorraine，59岁，有35年香烟依赖史，是一名老师。她戒烟数次，但每次都坚持不了几周。Lorraine几乎每天都要抽掉3包烟，所以她准备开始使用尼古丁治疗戒烟而不是一下子彻底戒除。经历一个月的戒烟疗程后，Lorraine保持完全无吸烟状态已经9个月了。虽然偶尔仍有吸烟的欲望，但是她觉得自己可以克制。Lorraine还定期锻炼，并学会了一些缓解压力的方法，来减少通过吸烟减压的可能性。

成瘾物质的持续戒断

酒精戒断

双硫仑，正如其商品名“抗滥用”一样，是一些人想要喝酒时用来“买时间”的药物。双硫仑在你体内停留一周甚至更久，所以如果你决定去喝酒，你必须等双硫仑在体内清除干净，否则会感到恶心不适。如果双硫仑在你体内，你摄入任何与酒精有关的物质，将会因为酒精无法正常代谢而感到不适。此药物背后的理念很简单，阻止你使用任何酒精，但是如果你喝了酒会感到不适，这种惩罚会使你在以后拒绝饮酒。双硫仑作用于肝脏，因此仅推荐用于短期治疗（不超过6个月）。酒精和双硫仑之间可能会发生一种致命的反应，所以如果你想剧烈运动的话是不推荐使用双硫仑的。

纳曲酮一开始被开发出来是用来治疗阿片成瘾的。最近，纳曲酮被冠以商品名——ReVia来治疗酒精成瘾。纳曲酮通过减少酒精的强化效用阻断人体内的阿片受体，从而达到治疗酗酒的效果。如果你正在使用催眠药，患有肝炎或者肝病，你不能使用ReVia。

最近，在欧洲和美国，有一种酒精戒断的新型药物叫阿坎酸（商品名叫坎普拉尔）。多项研究显示，该药使酒精依赖者在他们戒除酒瘾后保持清醒的人数增多。它似乎减少了人们喝酒的渴求。

案例：**Christina**（纳曲酮）

Christina，38岁，有很长的酒精依赖史，尽管她参加了多种治疗计划并参加了AA会议，但她从未清醒超过5周。Christina因为受到酒后驾车的指控，又开始了门诊治疗。由于她使用酒精的欲望非常强烈，而且非药物治疗没有效果，因此Christina同意使用纳曲酮，并且每周进行两次治疗。她现在保持清醒已超过 7 个月了，现在的她深深相信是纳曲酮帮助她恢复了健康。她现在已经能减少治疗频率了。

阿片制剂戒断

Trexan 和 LAAM 是阿片受体阻滞剂，可以阻断海洛因或者其他药物引起的欣快现象。阻断阿片引起的幻听可以阻止你产生使用这些药物的渴望，因此减少了旧病再燃的几率。

一些依赖海洛因或者其他药物的人，尽管参加了康复或其他治疗计划，但要真正做到远离药物极其困难。美沙酮维持治疗是指中断阿片类药物的使用，同时以美沙酮取代阿片类药物。美沙酮在药物配合心理咨询或心理治疗时效果良好。定期使用美沙酮可以避免使用阿片类药物。非常重要的一点是，当美沙酮维持治疗和心理咨询结合时，可使你恢复日常生活，比如你的工作。尽管这个治疗只持续几个月至一两年，但一些人停止使用美沙酮维持治疗后仍然可以保持清醒很多年。美沙酮只有从专门的注册诊所才能获得。

案例：Patrick（美沙酮维持治疗）

Patrick 是一个 34 岁的护士，海洛因成瘾导致她离婚、被辞退工作，并遭遇了其他法律上的、情绪和财务上的问题。尽管她戒了毒并参加了许多康复计划、门诊治疗和 NA，她能保持的清醒时间却总是不超过几个月。后来她加入了美沙酮维持治疗（MM），至今她脱离海洛因及其他药物或酒精已经两年了。她可以继续她的工作，并感觉到生活明显改善。Patrick 和她的 MM 顾问每天都会讨论日常烦恼和压力，帮助 Patrick 脱离使用酒精或者药物。

可卡因戒断

溴隐亭和金刚烷胺等药物有时可帮助人们减少对可卡因的渴求。对它们的研究结果及评价褒贬不一，所以在很多治疗方案中都不被使用。

精神障碍共病的药物治疗

如果你在有成瘾物质使用问题的同时存在精神障碍，药物治疗将使你获益。如抗抑郁药等抗精神病药有时会减少你对酒精等成瘾物质使用的渴求。但你也必须了解到，一些精神科药物，如镇静类药物，也能导致成瘾及成瘾物质使用的复发。

有时，出于好意，一些咨询师或 12 步骤团体成员对药物可能会持有一种"全或无"的观点，并认为任何改变心境的药物都是不必要的。记住，任何人都能给你建议，但只有合格的内科医生、心理学家或者精神卫生专家才确切地知道一个具有特殊精神症状的人是否需要药物治疗。

药物及酒精对精神科药物治疗的影响

使用酒精、街头药品或其他非处方药会对抗抑郁药有副作用，即升高或降低血药浓度。有时，你将对你的血药浓度有错误的解读，因为酒精或者其他药物可暂时增加你的血药浓度来掩盖症状。就算最小量的酒精及其他药物都有这种对药物的负面作用。有时，把精神药物与酒精或其他药物混合在一起使用能导致严重的并发症。

成瘾物质使用也能降低你进行精神药物治疗的动机。一些人抱怨药物治疗不起作用，实际上是因为他们仍在使用酒精或药品。如果你在使用药物治疗时仍在喝酒或吸毒，那么别指望能获得最大的疗效。另外，请注意，除非你自己同意停止使用成瘾物质，否则一些精神科医生不会给你开精神科药物。

案例：BJ（心境稳定剂）

BJ，46 岁，工人，有长期酗酒史，同时吸食大麻及纯可卡因。他的成瘾引起了许多问题并且成为与他人斗殴的主要原因。然而就算戒毒，BJ 仍是一个有暴力倾向的人。在戒毒两个月以后，他出现强烈的情绪波动，极度愤怒和易激惹。过去，这种情绪不稳定常使他回到酗酒和吸毒状态。BJ 被诊断为情感障碍。一开始，他不愿使用丙戊酸钠（一种心境稳定剂）。但令他惊奇的是，在他使用该药后，感觉好多了，并且不再因为一时冲动而吸毒。在他生命中第一次戒除酒精及药品超过了一年。他还表示自从开始药物治疗后，他不再斗殴，并能感觉到他易激惹的性格和恶劣的脾气得到了控制。

药物疗法作为辅助治疗与作为主要治疗的比较

在戒断的过程中，你应该在心理治疗、心理咨询与参加自助计划的同时辅助使用药物治疗。你使用药物治疗时间的长短取决于你使用成瘾物质的具体历史、因使用所产生的问题以及你对早期治疗的反应。

如何知道你是否需要药物治疗

你应该和治疗师或者对物质使用问题有专门研究的内科医生共同商讨成瘾物质的使用问题。如果你处在以下情况，药物将能帮助你逐渐康复。

- 你每次不能脱离酒精、烟草或者其他药物超过几个月。
- 你尝试其他形式的治疗后，继续使用酒精、烟草或者其他药物。
- 尽管你知道或者你想要戒除使用酒精、烟草或者其他药物，但你觉得非常困难。
- 你经常感觉到有使用酒精、烟草或其他药物的欲望，并且不能自拔。
- 如果你复发，你将失去很多东西，如重要的关系、工作、你的专家地位或者执照。
- 你使用成瘾物质极大地影响到你的身体健康和情绪稳定。如果你继续使用下去，情况会变得更糟糕。
- 你相信药物治疗比你参加其他形式的治疗（如专家治疗或自助团体治疗）更有帮助。

有时，药物治疗还会涉及有关使用药物的风险及副作用的问题。你应该与内科医生或者治疗师讨论，你可以进行成本—效益分析（表 15.1）。通常，与继续滥用或者依赖酒精、烟草或其他药物相比，使用药物的风险和花费要小得多。

表 15.1　咨询你的医生关于药物治疗的问题

1. 药物治疗的目的是什么？
2. 我什么时候应该用药？它应该在进食时使用吗？如果不是，应该在饭前还是饭后使用？
3. 药物要多久才会对我的症状产生治疗效果？哪些症状最有可能被缓解？
4. 我怎么知道这个药物是否对我起了作用？
5. 副作用是什么？它们会消失吗？如果它们不自行消失，我该怎么办？出现哪些症状我得立刻报告给医生？
6. 如果不吃药会有什么风险？
7. 我需要服用这个药多久？
8. 如果我服药期间喝酒或使用其他药物会有什么影响？
9. 会不会有其他药，包括一些非处方药物，会与这种药物发生反应？
10. 如果少服几次药物或者多服，会有什么危险？
11. 如果我想停止用药，在此之前我应该做些什么？

寻找药物

有些人寻找一种“神奇”的药物，可以治疗他们的精神疾病或物质成瘾，并改善他们遇到的所有问题。在他们症状加重或出现新的症状时，药片会神奇地带走这些症状；当他们工作或者感情生活中出现严重问题的时候，也希望药物会帮助他们解决这些问题。不管你症状如何或者你对药物的反应如何，首先你必须学习一些应对技巧来改变你的生活及控制你的病情。虽然药物对你的物质成瘾或精神障碍很有帮助，并且它是很多疾病的主要治疗方式，但是其他治疗策略也是需要的，所以心理咨询或者心理治疗对你来说是同样有益的。

有人给你压力，让你停止药物治疗时该如何处理的问题

既然可能会有人建议你停止药物治疗，所以提前考虑并计

划如何处理这样的情况是有益处的。通过类比心脏病的药物治疗可以帮助你思考这个问题。如果你正在使用心脏病药物，你会随便停止使用吗？当然不！跟人们坦率地表明你需要这种药物帮助你戒断，质问他们为什么要求你停止使用能治疗你严重疾病的药物，或直接告诉他们你不需要他们的荒唐建议。

一些人相信他们可以“自行解决”，不管他们的症状多严重，都不肯接受药物治疗。我们曾经看到许多人由于自认为不需要使用药物而遭受痛苦。但事实是，如果你不使用这些药物你将无法从成瘾或者精神疾病中恢复。提醒自己如果你停止使用药物治疗后会发生什么并且告诉自己使用药物治疗的好处。咨询你的支持者或者治疗团队，当有人给你压力让你停药的时候，你该如何应对。询问和你参加同样计划的其他人，他们是如何处理这种压力的。

第三篇

预防复发及进度管理

3

第十六章
防止复发：降低复发的风险

目标

- 理解再燃和复发的区别
- 学习如何防止复发
- 学习识别和处理复发的警告信号和高危因素

再燃和复发

再燃指的是戒断后物质使用的第一次发作。再燃有可能会导致更多的物质使用，也有可能不会。如果你继续使用酒精或药物，你就是在冒风险把不完全复发变成复发。

在你戒断后第一次喝酒、抽烟或使用其他药物的时候，再燃和复发只有一墙之隔。这意味着它可能是你复发的开始。例如：戒酒两个月后去一个酒吧喝了苏打水，便是复发的开始。若你在戒断后，跟吸食可卡因或大麻的朋友在一起，那么当那些朋友达到致幻效果的时候，也就是你复发的时候。这就是为什么要警惕一些看似不相关的行为的原因，因为那会对防止你复发起到很重要的作用。又如，Rick 戒酒 7 个月了，一天他与朋友去酒吧讨论一份他可能会得到的有前景的工作，尽管在决定和朋友在酒吧会面时没有任何喝酒的念头，然而当他置身于酒吧中时，他发现诱惑无法抵挡。Lisa 戒烟 6 个月了，一天在一个饭店等餐位时，服务生告诉 Lisa 吸烟区有一张空桌。虽然 Lisa 开始觉得坐这个位置没什么不妥，然而在她闻到烟味后，终于按捺不住，在回家的途中买了包烟。Rick 和 Lisa 两个人的决定看来都和他们对酒精或烟草的使用没什么联系，然而这些决定却成为导致他们复发的启动因素。

对再燃和复发的反应

你对自己出现再燃所做的任何反应，将对你是否会出现完全复发有很大的影响。如果你斥责自己，把自己看做一个失败者，并且给自己负面的信息，如“我无法摆脱”，或“我不能控制我自己”，那你有可能继续物质滥用；另一方面，如果你把你的不完全复发看做一种错误，或一次加强你决心的机会，这将是一个绝好的学习经历。如果你阻止了一次完全复发，你还能通过回顾发现是什么导致了这次复发，它是在哪儿发生，以及它是如何发生的。

防止复发

防止复发（RP）涉及你所有用来避免成瘾物质使用、调整你的生活状态、减少复发风险的策略和技能。有效的 RP 要求你有主动性去改变，并且有信心去面对有压力的事情。

RP 是指提前思考并预期那些可能导致你复发的问题或压力。通过识别这些潜在问题（也意味着“高危”状态），你可以计划许多处理问题的方法。在需要的时候哪怕只有一种方法能用上，也要比在你需要的时候什么都没有要好得多。这和与火警联系的道理是一样的：知道在着火的时候能做什么要比什么都不知道强得多。RP 可以提前告诉你将要发生什么。

管理复发

RP 让你提前为不完全复发或者复发做好准备，以使你把可能造成的伤害减到最小。你需要迅速发现你的错误并在情况恶化之前对你的错误做出反应。复发管理策略将在第十七章中有所讨论。

平衡的生活方式

学习一种平衡的生活状态对降低你复发的风险非常重要。第十八章着重探讨平衡生活的策略。你越能满足你的需求，你就越不需要酒精或其他药物。

复发的警告标志

在你不完全复发或复发之前，你可能从一些警告信号中明显或隐约感受到你将继续使用成瘾物质（图 16.1）。这些警告信号可以从你的态度或思想、行为和决定中表现出来。

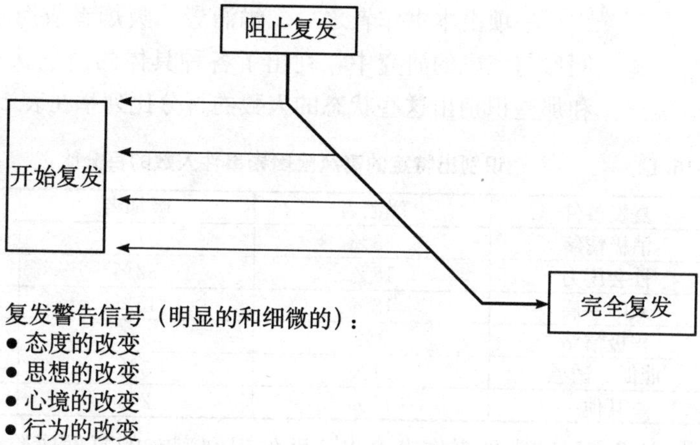

图 16.1　复发的过程

在前述中，一些看起来与复发没有关系的行为，仔细审视一下后，你会发现其实它们是与复发密切相关的。例如：在戒酒 5 个月后，Andrew 和以前喝酒的伙伴一起去打高尔夫，在与这些朋友打高尔夫的第三周，他明显感觉到很想再喝点酒。Andrew 告诉自己，如果我不和这些人喝酒，将无法融入他们中间。所以他再次端起酒杯。Andrew 在治疗阶段没有透露任何想要喝酒的念头，而后来他就和以前一起喝酒的伙伴打高尔夫。

完成复发警告信号工作表来帮助你识别复发的警告信号并提前计划应对的策略。时刻记住，在复发警告信号出现和真正的物质滥用复发之间的时间间隔因人而异。越早识别这种信号，你将越早停止使用酒精、香烟或其他药物。就算你从未复发过，在本章结束时，你也将学会识别复发警告信号。

高危状态

高危状态是指在一些情况下你使用成瘾物质的易感性处于中等到强烈的程度。如果你否认或忽视高危状态的存在，或者没有准备有效的应对策略，那么高危状态很可能引起复发。不平衡的生活方式会使你置身于高危状态。你可能感到你需要使用成瘾物质来处理你不安的情绪或者某个特殊问题。

一项由本书作者之一、酗酒者、吸烟者或海洛因成瘾者共同参与完成的研究中，列出了各种具体的高危状态。这些状态和那些识别出这些状态的人数的百分比列举在表 16.1 中。

表 16.1　识别出特定的高风险因素事件人数的百分比

复发事件	酗酒者	吸烟者	海洛因成瘾者
消极情绪	38%	37%	19%
社会压力	18%	32%	36%
人际矛盾	18%	15%	14%
积极情绪	3%	9%	15%
催促、诱惑	11%	5%	5%
其他	12%	2%	11%

完成高风险事件工作表，将帮助你识别潜在的复发风险和制定积极的应对策略。提前思考和制定应对高危状态的策略，才会使你到时不会手足无措。

家庭作业

- ✎ 完成复发警告信号工作表
- ✎ 完成高危状况工作表

复发警告信号工作表

指导语：左边一栏列出有潜在警告信号作用的态度、观念及行为。右边一栏，写下针对每一项的处理策略。

复发警示征兆	处理策略

高危状况工作表

指导语：在下表中列出三种高危状况，针对每一种状况，列出积极的解决策略。

高危状况 1	解决策略

高危状况 2	解决策略

高危状况 3	解决策略

第十七章

复发的管理：再燃或复发时，你可以做些什么

目标

- 寻找你再燃或者复发的原因并进行评估
- 分析警告信号
- 学习当你面对一次再燃危机的时候，你该做些什么

从你过去所犯的错误中学习

如果你曾经有过再燃或复发的经历，那你要使这种经历转变成你康复期处理问题的经验以帮助你康复。试着指出导致你再燃或者复发的事件，使它成为你康复的动力。

如果你有过再燃或复发的经历，完成再燃和复发工作表会帮助你找到导致你在戒除后第一次喝酒、吸烟或吸毒的原因。如果你经常放纵自己或者有多次复发的经验，那基于你先前几次的经验来完成你的复发工作表，然后你可以看出是否存在一个导致你复发的模式。一旦你出现再燃或复发，你应该通知你的咨询师或治疗师，以便你们共同找出导致再燃或复发的原因和作出弥补措施。就算你对再燃或者复发有罪恶感或感到羞耻，这种开放的讨论方式对你的将来也会有所帮助。你的治疗师总是会帮助你，而不会评价你犯的任何错误。

下面是两个找到复发模式的例子。Jasons 的例子与吸烟有关。他戒了三次，结果复发了三次。每次 Jason 复发前都已至少戒断了 4 个月。Marcell 在 4 种不同的情况下酒瘾复发，并且

每次复发前已保持清醒两个月到两年。以下是 Jason 和 Marcell 和我们分享的一些经验。

案例

Jason（吸烟）

每次我在康复了一段时间后会再次吸烟，都是在身边的人都在吸烟喝酒的情形下。我不认为自己是一个特别喜欢喝酒的人，但无法否认的是，一旦喝了酒，接着我就会想吸烟。这种时候，我通常都对自己说只抽几根烟就停止——先吸几支，然后再戒。但事实是，这样的想法只成功履行了一次，另外两次我都在当晚就买了烟，然后就在不知不觉中又回到了一天一包半烟的生活。

Marcella（酒精）

我戒酒 4 次了。其中一次复发是在和为我庆祝生日的朋友们在外面吃饭的时候。当一个朋友把酒倒满了我的酒杯，我想不到任何拒绝的话，于是就喝了两杯。其他三次情况更糟糕。每次复发我都会喝足几个月。当我回顾这些复发的经历的时候，我突然发现，每当我和嗜酒的朋友终止联系，不再去一些弥漫着酒气的场所时，我会感觉生活的单调和孤独。好笑的是，头一两次，尽管在周围人都在喝酒的情形下感觉尴尬，我仍小心谨慎，坚持不喝酒。然而后来，似乎有某种东西征服了我。我告诉自己保持清醒是多么无聊，而喝酒则要有趣得多。那要怎么办呢？答案很简单——尽管我知道对自己不好，可是在戒断一到两周后我又开始喝酒了。

识别你的复发链

如何从你先前的错误中吸取教训？一种有效的方法是完成

一张复发链工作表。这张工作表对你的再燃或复发有更详细的分析，会帮助你回顾追踪再燃或复发以寻找复发过程中的警告信号。而每一种警告信号，代表了复发锁链反应中的一环，包含着你认为的最终导致你复发的那些思想、感情或行为。读完本章后，请完成复发链工作表。

再燃或复发的应对措施

你在一次再燃中所经历的想法或感情，在你决定是否继续使用该成瘾物质，并进而触发一次完全的复发中扮演了重要角色。如果你继续先前对酒精、烟草或其他药物的使用，并且告诉你自己："我是一个失败者"，"我戒不掉它"，"既然我无法令自己戒断，那还不如继续使用"，那么，你正置身于复发的高危状态中。如果你使用成瘾物质后感觉兴奋、快乐、愉悦甚至放松，你可能就很容易这么问自己：如果使用它们使我感觉如此良好，那为什么不继续使用？另一方面，你也可能会对自己的行为感到内疚、害羞、愤怒。通常，你对你一开始出现的再燃的反应越负面，你就越可能说"见鬼去吧!"接着继续使用这些成瘾物质。

与此类似，你对复发的看法和态度，会强烈地影响你是否会针对复发采取行动以及是否会回到正常的生活。如果你就此感觉自己是一个失败者，就可能导致：在这个明显需要治疗师、朋友及家人帮助的时候，你却犹豫不前。

在下面的例子中列举了 Mike、Lashawn 和 Curt 对他们各自的再燃和复发的不同反应。请思考他们的想法和态度在他们决定继续使用还是就此停止使用成瘾物质中，扮演了怎样的角色。

案例

Mike（可卡因）

我已经戒断 4 个月了。每隔一周看一次治疗师并且正式加入了NA，情况变好了，我相信自己不会再碰可卡因了。我在超级市场遇见一位老朋友，她邀请我去她家。我知道她仍痴迷可卡因，所以我指出，与她在一起会很愉快，但我不会再碰那些东西。但是，老天啊，我真的错了！我和她一起吸了一些可卡因且共渡了整个晚上。当我第二天醒来时，我感觉真的很糟糕，我告诉自己我把事情搞砸了，在强烈的烟瘾征服我之前最好做些补救。那天，我和很多朋友聊了这件事，并且得到了极大的支持。我说出自己所犯的错误，并决定从此不再见那个女人。想想我的女儿，对我也很有帮助。因为自从我不再碰可卡因，就变成了一个相当负责任的爸爸，每个单周都会见我的女儿。我不想把这搞砸。

La Shawn（大麻和阿片）

有一次我遇见一个几个月没见的朋友，聊了一会儿后，她问我是否想腾云驾雾、飘飘欲仙？她说她有一些不错的烟草。我告诉她不，我不会再碰那些东西。过了一会儿，她问我是否介意她点支烟，我让她自便。看着她抽了一会儿，我对自己说："抽一点儿不碍事"。于是开始和她一起吞云吐雾。第二天，我想"如果想 high 起来，我也得来点那些不错的东西。"因为大麻和其他一些药物对我没什么作用。于是我给药品贩卖者打了电话。当我复发后第一次吸食大麻时，感觉太棒了。我是说，我真的喜欢这破玩意儿，所以我迅速又回到了原来的生活方式。这种生活方式使我不得不以说谎、耍诡计、卖淫等手段换取大麻。在复发的一个月里，我总是拿起电话想打给我的治疗师，却每次又放下，因为我觉得我会使她难过沮丧。我又开始吸食大麻了，我这个样子不值得她付出帮助。

Curt（香烟）

戒烟一年了，我真不敢相信，这种感觉非常棒，我为我所做到的感到骄傲。我成了一名正式的推销员。一天，我与一位客户吃饭，他说，虽然他时不时便来上一支，每天两包，但是"身体健硕，情绪舒爽"。这使我想到我可否利用他的模式来控制吸烟。

的确，它起作用了！我能经常享用烟草了，当然了，做这件事的时候得背着我老婆，因为如果她知道我又抽烟了会非常担心。每周中的几天我会抽几支，但过了一个月，我开始每天都抽烟了。尽管现在我手上只有半包烟，但我感觉事情逐渐失去了控制。我不能跟那个客户一样建立并遵从那个吸烟模式，这点让我非常沮丧。结果是，我又回到了我的自助计划中，并且从此不再吸烟。

家庭成员等其他与你关系密切的人的反应

你的家庭成员及其他一些亲近你的人对你的复发可能做出负面的反应，尤其是成瘾曾对你或你的家人带来过严重伤害的情况下，一些人可能持支持或理解的态度，另一些人可能对你感到厌烦、生气。下面是 Tonie 和 Lindsey 所描述的来自他们各自家人的不同的反应。这两个案例显示了来自两个家庭的截然不同的反应。

案例

Tonie（对酗酒的复发）

当发现我复发后，我丈夫变得非常不安和绝望，他严肃地告诉我，他已经无法忍受看见我伤害自己和我们的家庭，如果我不能停止酗酒，并回到正常的生活轨道上，他将和我离婚。

Lindsey（对吸毒的复发）

当我再次开始吸毒时，我父母极其焦虑，他们害怕我不能完成大学学业并顺利进入医学院学习。那时我已经没有再接受任何治疗了，而我的父亲又开始为我重新安排戒毒及心理治疗。我真的不想这么做，我觉得我应该凭借自己的能力戒毒，但事实是，一旦开始吸毒，我根本就无法停止，我只是让父母带着我走进治疗室，并没有真正戒毒。幸运的是，一些事情敲醒了我，现在我已经摆脱药品了。

在再燃危机中应该采取的步骤

- 停下来，看一看，听一听。找出是什么导致了你会在戒断时期再尝试药物。如果你正处于具有威胁的高危状态，那么，请立刻摆脱这种可能导致完全复发的状态。
- 面对你的问题。在问题恶化到你想要继续饮酒或吸毒之前，立刻处理掉那些问题和危机。
- 重新树立你的目标。提醒你自己，要达到目标，不酗酒、不吸毒多么重要。
- 利用你的支持网络。如果有必要，向正处在康复中的家人、朋友或者其他人寻求帮助和支持。
- 从你的错误中吸取教训。学习你再燃中有价值的部分。从中吸取经验教训，以便在未来有所帮助。

家庭作业

✎ 完成再燃和复发工作表

✎ 完成复发链工作表

再燃及复发工作表

指导语： 回答下列问题，从而帮助你明确是何原因导致戒断一段时间后的再次饮酒、吸烟或吸毒。

1. 描述你戒断后再次饮酒、吸烟或吸毒的原因。

____

____

____

____

2. 描述那些触动你饮酒、吸烟或吸毒渴望的内在想法或感觉。

____

____

3. 描述那些触动你饮酒、吸烟或吸毒渴望的任何外在环境。

4. 描述有可能导致再燃或复发的你做出的第一个决定。

复发链工作表

指导语：复发链上的最后一环代表你的饮酒、吸烟或吸毒行为。之前的每一环节都代表一个具体的复发警告信号。写下你所能回忆起来的所有警告信号，并计算从第一次信号出现直到物质滥用行为出现所经历的时间。同时，写下再次出现物质滥用后，你自己及你的家庭成员（或你生活中其他重要人物）的情感反应。

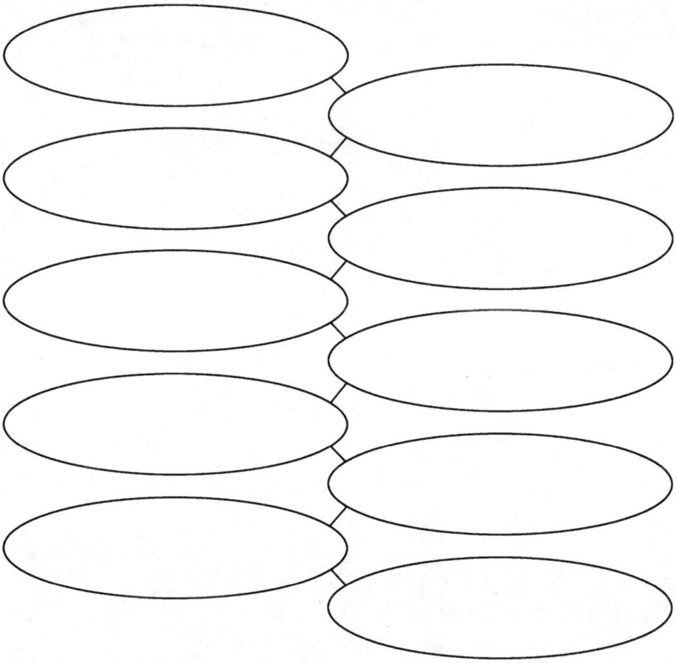

最早的警告信号与最终使用物质之间的具体时间：________________

____

再次使用物质的情感反应：________________________

____

我的家庭成员及重要人物的情感反应：________________

____

第十八章

平衡生活的策略

目标

- 理解平衡生活的好处
- 保证你的生活大体平衡
- 学习做好日常记录，来让你及早发现到问题并识别复发警告信号
- 制订你的每周计划表来设定你的生活框架
- 制定一份娱乐活动表

平衡生活的重要性

平衡生活指一种理性处理你生活不同方面的能力。平衡生活不仅是指身体健康而且还包括防止复发。平衡能带来快乐，并给你一次个人成长的机会。尽管生活的一些方面会由于工作或家庭问题不可避免地暂时失去平衡，但重要的是保持一个持续平衡的模式，并且此模式能适应不时出现的不平衡的生活状态。

每个人在生活中都要承担一定的责任，或者说有些“应该”做的事情。同时每个人也都有“需要”做的事情即个人需求或兴趣爱好。“平衡”意味着你的一些“需要”得到重视，不至于所有的精力都放在你那些必须要做的事情上。如果所承担的责任明显压倒了“需要”，你的生活将失去平衡。一种评估你的生活是否平衡的方法是把你的“需要”和“义

务”罗列在后面的跷跷板测验中。一种有助于你理解“平衡”这个概念的方法，是以下面的主要观点来审视你生活中每一个严重不平衡的方面，包括身体上、精神上、情绪上、智力上、创造性或艺术性天赋、家庭、人际关系、心灵上、学习、工作或财务状况这些方面。你在每个方面的特殊需求取决于你的人格、兴趣和你所期望发生的改变。完成生活模式平衡工作表，来帮助你评判你的生活在大体上是否平衡。如果某一个具体领域严重不平衡，则要考虑为了改变这种状况应该采取什么样的步骤。下面是一些案例，描述了一些人是怎样找到他们生活中不平衡的地方，并描述了他们如何致力于改变这种状态，并最终达到了一种平衡的模式。

案例

Arthur（减少工作狂热）

我是一个工作狂，每周工作 7 天，就算节假日我也不忘工作，每天给办公室打电话。于是，我的家庭关系变得恶化，我还放弃了自己喜欢的运动。后来我开始改变，尽管一开头很难，但我的工作习惯还是发生了很大变化。每周我至少休息 1 天，限制每周不超过两天的整日工作而且同我的妻子和孩子一起计划活动。我不再用繁忙的工作日程表做借口拼命工作，每周抽出 3 天去游泳。现在我感觉好多了，我不再像以前那样常感到焦头烂额，我的家庭气氛也融洽、欢乐了许多。

LeeAnn（发展心灵）

我的药物成瘾彻底摧毁了我的生活并导致我失去了每一件我认为重要的东西：我的家庭、工作、尊严和数不清的钱。但我知道这些外在的因素不足以使我戒断，所以我想在自身做深刻的改变。我发现在我的信念信仰上做些改变会有帮助。我开始每周去教堂祈祷。我还每天冥想一个半小时。我相信上帝会帮助我，把我转变为一个正常人。到目前为止，情况变得好了许多。之前的我，感情和精神上都很空虚；现在的我，发现生命有了意义和方向。现在，我放眼未来，我想说，我的心灵对我的康复和健康起了非常重要的作用。

Karenl（给自己留点利用自己创造天分的时间）

我的工作很忙，还要照顾家庭。虽然我一直喜欢写作和音乐，却很少花时间在这些方面，因为我总是把其他人的需要放在第一位。为了生活得到更好的平衡，我开始为自己做点事情。现在，我每天都会阅读、写作或听音乐，不论时间长短。我还加入了一个写作协会。我们每隔一段时间见一次面，分享我们的观点和作品并且相互支持。能有机会发挥我的创作才能感觉真好。另外，新建立的朋友关系也令我非常满意，因为它让我有机会和喜欢写作并理解写作的人在一起。我的一些需要得到了满足，我感觉自己变成了一个更称职的母亲，以及一个生活品质更高的人。

日常清单或回顾

另一个抓住关键问题和识别复发警告信号的可行方法是，在一天结束的时候花几分钟去完成一份当日的清单。这包含了以下这些你要对自己提出的问题：

- 今天有没有发生一些需要我特别注意并且需要马上着手处理的事情？
- 今天有没有发生任何事情让我想放弃戒断？
- 我今天有没有出现强烈而持久的想要吸毒的欲望？
- 我今天有没有注意到任何复发迹象或警告的信号？

如果哪一个问题你答的是“是”，你都需要制订一份计划来处理你潜在的复发可能。

每周计划

制订一份每周计划活动表是帮你设定生活框架的一种办法。这个计划也可以帮助你对你所做的事情有个大概的认识，所以你会看到哪些地方需要注意，哪些地方不需要。周计划如果合理平衡，能减少你感觉无聊及抑郁的可能性；还能帮你看到你忽略的地方。比如：通过回顾周计划，Dan 认识到他的计划几乎都与工作有关，基本没什么时间陪孩子也没时间锻炼。

你可以通过完成每周计划活动表来计划你的一周。你可以照搬这本书上的或者在 Treatment That Work（tm）的网站 http：//www. oup. com/us/ttw 上的各种周计划。然而，尽管这种计划在戒断初期特别有帮助，但千万别认为你必须在计划中把你的生活填满，你需要留一些空置的时间，以便应对临时情况或用来放松自己。

娱乐活动

参加娱乐活动是另一个不错的策略以减少单调乏味和抑郁，并且可以增加你对生活的积极感觉。听起来虽然简单，但对那些放弃使用酒精或其他药物的人来说是相当困难的。你可以通过使用娱乐活动表来发现目前能令你身心愉悦的活动，这将为你提供尝试新生活的机会。例如，在 Regina 检查她的活动列表时发现，大多数她喜欢的活动总是围绕着她的丈夫和孩子。这几年，她以太忙没时间为借口失去了不少独处时间和与女伴们一起活动的机会。不幸的结果是，Regina 感到精疲力竭、怨恨，感觉被剥夺了自由。为了在她的需要和家庭的需要之间达到更好的平衡，Regina 开始为自己腾出更多的时间：和女伴一起学做中国菜；时不时出去看场电影。尽管她很爱她的孩子，但 Regina 发现公司的其他人（目前没有孩子的）很快乐，同时他们也更被领导器重。

家庭作业

- ✎ 完成跷跷板平衡测试
- ✎ 完成生活模式平衡工作表
- ✎ 在每天结束前花几分钟完成一张日常清单
- ✎ 完成每周计划活动表来帮助你计划你的一周
- ✎ 完成娱乐活动表

跷跷板平衡测试

愿望列表	**义务列表**
______	______
______	______
______	______
______	______
______	______
______	______
______	______

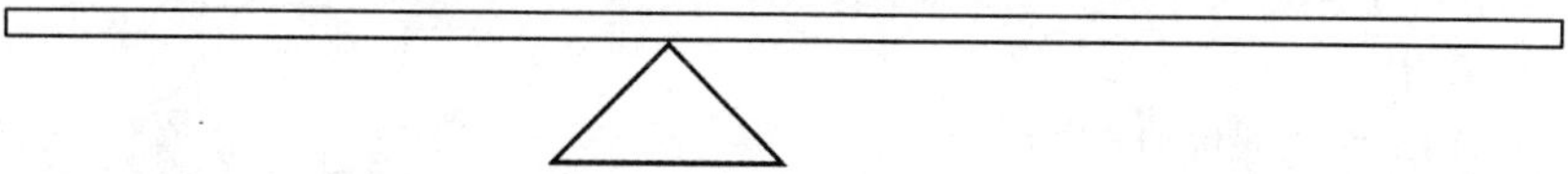

生活模式平衡的工作表

指导语：回答下述问题以判断你的生活是否平衡。根据你的答案，确定两个你希望改变的失衡领域，并为其列出计划表以做出改变。

1. 躯体健康

你的身体健康吗？ ______是 ______否

你定期锻炼身体吗？ ______是 ______否

你的饮食结构健康吗？ ______是 ______否

你在意你的外表吗？ ______是 ______否

你有足够的休息和睡眠吗？ ______是 ______否

你定期做身体及牙科检查吗？ ______是 ______否

当你面对使用物质的渴望时，你有好的处理策略吗？ ______是 ______否

2. 精神/情感

你承受了极大的压力吗？ ______是 ______否

你是否担心得太多了？ ______是 ______否

你有办法来减轻精神压力吗？ ______是 ______否

你能向其他人表达自己的情绪吗？ ______是 ______否

你正因为严重的抑郁或焦虑而承受着痛苦吗？ ______是 ______否

3. 智力

你能够满足你的智力需要吗？ ______是 ______否

你有足够的兴趣来满足你的好奇心吗？ ______是 ______否

4. 创造力/艺术表现力

你定期参加创造性的或艺术性活动吗？ ______是 ______否

你认为你的才智和能力还没有被完全利用起来吗？ ______是 ______否

5. 家庭

你大体上满意你的家庭关系吗？ ______是 ______否

你和你的家人（尤其是你的孩子）在一起的时间足够长吗？ ______是 ______否

你能够依赖你的家庭并获得帮助和支持吗？ ______是 ______否

6. 人际关系

你对你人际关系的质量和数量总的来说满意吗？ ______是 ______否

你有能够依靠并给予你帮助和支持的朋友吗？ ______是 ______否

你能向其他人表达自己的想法，需求及情感吗？ ______是 ______否

你有一些存在严重问题的亲戚或朋友关系吗？ ______是 ______否

7. 心灵

你的生命中有足够的爱吗？ ______是 ______否

你足够重视你的“内在”精神生活吗？ ______是 ______否

你的内心是平和的吗？ ______是 ______否

8. 工作或学业

对你的工作或学习状况总的来说满意吗？ ______是 ______否

你是否花费了太多的时间和精力去工作？ ______是 ______否

你在工作上花费时间和精力是否太少？ ______是 ______否

9. 经济状况

你是否有足够的收入来满足你的日常花销？ ______是 ______否

你有严重的经济问题（如太多的债务，没有存款等）吗？ ______是 ______否

你能有预见性地进行财务管理吗？ ______是 ______否

金钱在你的生活中扮演的角色是否过重？ ______是 ______否

失衡领域：

____

____

我的改变计划：

失衡领域：

我的改变计划：

每周计划活动表

	周日	周一	周二	周三	周四	周五	周六
6：00							
7：00							
8：00							
9：00							
10：00							
11：00							
12：00							
13：00							
14：00							
15：00							
16：00							
17：00							
18：00							
19：00							
20：00							
21：00							
22：00							
23：00							

娱乐活动表

指导语： 列出目前你认为能够使你的生活获得快乐的活动，然后想象一些希望尝试的新的活动。这些活动应该没有（或极少有）饮酒或吸毒的压力。

目前的娱乐活动

新的娱乐活动

第十九章
评估你的进展

目标

- 学习定义和评估你到目前为止取得的进步
- 认识你生活中哪些方面（不是指物质使用方面）取得了进步

怎样定义进步

通过比较你现在的状态和你开始执行改变计划时所设定的目标，你可以评估自己取得的进步。这些目标可能与你的物质使用问题有关；与你生活中的任何领域如身体上、情绪上、精神上，或你的家庭关系或朋友关系有关；或与其他任何你正在努力改变的问题有关。

进步是向着你设定的目标所取得的积极的进展。有时进步很重要而且发生得比较快。其他一些时候进步相对不重要并且发展较慢。避免用绝对的词汇如“有”或“无”等来描述你的进步，因为就算你存在一些问题，你也可能取得进步。比如：Curtis 没有达到他保持戒除可卡因和海洛因的目标。然而，过去一年里，她只是用了 30 天，明显好于前一年每天都使用。Amanda 找到“学习处理我的愤怒并且合适地表达它”的目标。在过去的 3 个月，她只有两次冲孩子和丈夫发了火，比她每周发火两次好得多了。尽管她在控制她的感觉和行为方面取得了更大的控制力，Amanda 仍在努力解决这个问题。

正在进行的戒除

对很多人来说，正在进行的酒精、药物或烟草戒除在康复早期阶段是主要目标，如果你能达到并保持完全戒除，那很好！继续保持远离成瘾物质。如果你不能保持完全戒除，试着找出妨碍你戒除的问题并且从你的旧病再燃中吸取教训。

人们在能保持戒除之前尝试几次戒断是很常见的。

减少物质使用

评估进步的另一种方式是看你是否减少了物质使用的量和频率（减少伤害）。就算你没有完全戒除，但你使用的量和频率更少，通常这就是在进步。如果你有酒精滥用、药物依赖问题，尽管完全戒除是最好的，但减少严重物质使用问题可以算作合理的目标，这只是在你没有严重躯体疾病、精神问题或由物质使用引起的其他问题的情况下。同时，也最好不要使用非法药物。

减少成瘾物质使用的不良影响

评估进步的另一种方式是看成瘾物质使用对你造成的影响。如果你几乎没什么问题是因使用成瘾物质导致的，你就是在正确的方向上进步。比如，Melanie 将物质滥用减少了 80%，她认识到她仍然需要帮助并且向完全戒断努力。因为 Melanle 显著减少了她的酒精使用和完全停止使用大麻，她与丈夫之间的争执减少，没有因为宿醉而影响工作，不再乱花钱。尽管她曾以为自己是个没有希望的酗酒者，但现在觉得充满希望。看到生活上取得的进步，给了她更多动力来继续努力，并且维持戒除酒精和大麻的目标。

生活功能和生活质量的改善

通常，如果你停止或减少成瘾物质使用，你将体验到你生活质量的改善。比如：Jenny，自从戒烟后在工作中取得进步；戒掉可卡因后，现在可以作一名负责的母亲。Arthony 自从戒酒及其他药物后，开始存钱买属于自己的公寓。Jeff 从戒掉可卡因后长了 25 磅并接近了他的理想体重。评估健康和生活是否取得具体进步的方法是有很多的。

减少占有和渴求

当你希望占有或想酗酒、吸烟或滥用其他药物的欲望不是那么强烈、频繁或烦人时，你就在进步。对于一些人来说，不再对酒精或其他药物着迷已经算是很好的表现了。成功的管理以及与你的渴求共存是你在进步的另一种反映。

增强你应对的信心

你对自己应对成瘾物质使用、渴求或其他问题的能力更有信心，是进步的另一种反映。除了错误自信或过于自信，你越对自己处理高危状态的应对能力有信心，就越不需要依靠使用成瘾物质来解决这些问题。

对高危状态提高警惕

另一种进步的标志是提高对高危状态的认识和增强应对它们的能力而不是忽略它们、装作它们不存在，或将它们导致旧病再燃的潜在几率最小化，对高危状态的认识可以帮助你制定应对策略，这也可以帮助你处在无法抵制使用酒精、烟草或其他药物的状态时减少复发的可能性。

愿意讨论私密问题、再燃或复发

进步也与你的态度改变有关，或与你如何使用康复方案与你的治疗师一起工作有关。即使你还在为物质滥用或依赖而挣扎，如果你愿意讨论再燃或旧病复发、私密问题或你经历的其他问题，你就会在康复的过程中为取得进步打开大门。学会谈论你自己并信任你的治疗师是进步的标志。这将帮助你的治疗师更理解你并和你一起努力。

愿意改变你的康复计划

如果你现在的康复计划不起作用，不管当初是不是你自己还是在你的治疗师的帮助下制订的，改变你的康复计划和方法。你无疑听过“如果它不坏，不要修理它。”如果你在康复过程中没进步，则它的反面是正确的，“如果它不起作用就改变它。”

最终思想

你愿意加入康复计划表明你想要做些事来解决你的物质使用问题。康复工作不是那么简单的事情，不提供保证，而且进步是一个缓慢进展的过程。但是，坚持你的康复计划，当它对你停止滥用物质没有帮助时改变方案，并使你自己发生良好转变。成功的关键包括使用积极的应对技能来面对康复的挑战；设定目标并向它努力；坚持你的专业性治疗直到你完成并避免早期脱落；参加相互支持的团体会议并且积极参与其中；如果开了药，就要吃药；不要自行决定中断专业治疗或参加了相互支持团体却不与了解你的人进行讨论。从你犯的任何错误中学习。

完成汇总工作表，能帮助你记忆并持续使用在康复时学到的技术。教育你自己并学习合适的应对技能，帮助你学会控制你的酒精或药物问题并改善你的生活。

家庭作业

✎ 完成汇总工作表

汇总工作表

你学到了什么？你将继续哪些改变？

1. 总结你从完成这本自助手册以及与你的治疗师或咨询师制订改变计划的过程中学到些什么。

____

2. 总结你将如何继续为你的生活做出积极的改变来帮助你远离酒精和药物。

____

第二十章 处理精神障碍共病

目标

- 了解不同类型的精神障碍
- 了解精神障碍的病因
- 如果合适的话，评估你的精神症状。

什么是精神健康

精神“健康”指没有精神障碍，它包括了预测和解决问题、控制情绪、处理沮丧和挫折、设立目标、保持满意的人际关系的能力，并且在社会中发挥自己的责任。

一个人并非要不“精神健康”，要“精神障碍”，而是存在从精神健康到精神障碍的不同严重程度。例如，就算心理健康的人，有时也能感觉到焦虑和抑郁。一方面，精神障碍患者可能在生活的某些方面存在障碍，但在另一些方面表现良好。例如：Matt 患有抑郁障碍，Serena 有饮食障碍。两个人在学校都表现出色，但他们生活和健康的其他方面受到疾病的影响。

减少一个人患有精神障碍风险的因素包括：

（1）和你的家人、学校、教堂保持紧密的联系；

（2）良好的处理情绪、问题和社会关系的技能；

（3）解决困难的能力。

什么是精神障碍

在美国，几乎 1/4 的成年人在他们生活的某个阶段经历过精神障碍（也叫精神疾病）。许多人不止一种障碍，许多人在物质使用的同时有精神障碍（叫“双重”或“共病”障碍）。

精神障碍通常包含各种导致日常功能受损并引起本人痛苦的症状。每种障碍都有一系列症状，包括：

- 心境（你感觉怎样）
- 思维（你如何诠释这个世界或事件）
- 行为（你如何行动）
- 躯体健康（你的身体）

精神障碍包括单次发作或反复发作，慢性和持续病程。你可能经历疾病的单次发作，然后恢复正常，或你可能在一段时间内有数次发作，每次发作的长度不同，发作期间也不相同。你可能经历慢性或持久的症状，这使你要处理那些不会完全消失的症状。

精神障碍的类型

心境障碍

心境障碍是指情感发生了障碍，并伴随躯体和行为的症状。最常见的是重性抑郁。重性抑郁包含了情绪低落或者心情抑郁、兴趣减退、娱乐活动减少、注意力难以集中、食欲或者睡眠问题、疲劳或易于疲乏、负罪感、无价值感、觉得生活没有意义。这些症状会持续两周或更久，占据了患者大部分时间。

另一种形式是复发性抑郁，是指三次或以上的重性抑郁发作，持续时间为几月甚至数年。大约一半的抑郁症病人有这种复发性抑郁障碍。

心境恶劣是一种程度较轻，但病程更持久的抑郁表现，持续时间至少两年，而在这两年的绝大部分时间里，几乎每天出现2～3个重性抑郁中列举出的症状。轻性抑郁包括了重性抑郁的部分症状，持续时间至少两周。所有形式的抑郁都能导致个体痛苦及生活中的许多问题。与抑郁相反，躁狂总是情绪高涨、精力充沛、活动增加及睡眠要求减少。躁狂患者注意力难以集中，并容易产生思维奔逸。在一次谈话中，他们会从一个话题跳到另一个话题。因为他们的判断受到影响，他们可能做一些傻事：疯狂购物，把自己置于危险中，或一次从事过多活动。

双向障碍或叫躁郁症，是指患者的症状在抑郁和躁狂间来回变换。有些躁郁症（混合型）患者甚至同时体验到躁狂和抑郁两种症状，这被称为双相障碍（混合相）。

焦虑障碍

焦虑症患者会出现精神和身体上两方面的症状，其中包括：过度担心、害怕、焦虑等。许多人有一种以上的焦虑障碍和抑郁症或酗酒或药物滥用或依赖。

恐怖症是一种对特定情景和物体不合理的极度恐惧并导致生活受到影响、个人感到痛苦等。社交焦虑障碍（社交恐怖症）包括害怕被其他人注视、评论、拒绝，或者表现难堪、羞耻。焦虑症病人有的仅对一两个情景感到害怕，有的却对许多事物都感觉恐惧。一般社交恐怖症患者害怕的事件包括：在公共场合下约会、说话、写字、吃东西或考试。特定恐怖症包括对一个闭合空间、高地、乘公交车或者乘飞机的恐惧，或者对昆虫、蛇、血液或者针等物体的恐惧。恐怖症还有一种形式叫做广场恐怖症，广场恐怖症的患者害怕出门，每天都闷在家中。具有这种恐怖症的患者，往往伴有惊恐发作。

惊恐障碍患者会感受到一种突然的、强烈的、压倒性的恐怖。患者害怕失控或者死亡或者感觉周围事物有“不真实感”。患者感到头晕目眩、摇晃或颤抖，大汗淋漓或感觉恶心想吐，或者感觉身体忽冷忽热、胸口疼痛、心慌。

强迫障碍包括：不断重复的行为，如洗手，检查门窗、炉灶是否关好，或者不断重复数次。患者通常认为，如果行为仪式不重复一定的遍数，就会有不好的事情发生。这种症状包括反复出现可怕的想法。对事物的强迫或闯入的想法主要是：伤害自己或他人，细菌或污染，做令人尴尬的、超乎寻常的事情，一些真的坏事发生了或者与你的身体或性生活有关。

广泛性焦虑障碍包括：持续的、不现实的、过多的担心和焦虑关于生活的两个或以上的方面。这种焦虑和担心通常伴随：颤抖、头晕、坐立不安、呼吸急促、心率加快、恶心、身体忽冷忽热、紧张、被困扰、处于崩溃边缘、无法集中注意力或脑袋一片空白、易激惹。

创伤后应激障碍（PTSD）包括重复体验过去数月或数年的创伤性事件。这些创伤性事件包括身体上或性攻击、自然灾害或战争。PTSD症状表现为噩梦、闯入性思维、痛苦记忆，并导致抑郁、焦虑和严重痛苦感。

精神病性障碍

精神病性障碍，如精神分裂症，包括了听觉、感觉、视觉或嗅觉的非正常体验，即实际上并不存在且其他人没有的体验。

有这种疾病的人可能在脑袋里面听到声音，或一些怪念头，如"有人来抓我"，"有人想要把思想放在我的脑子里面"，一些人还会出现奇怪的、不寻常的外表或行为，如在公众面前自言自语或穿着奇怪，此外，动力不足、社会退缩也很常见。这些人缺乏情感、反应平淡、感觉奇特、情绪波动或者感觉与其他人缺乏联系。

进食障碍

进食障碍包括厌食症和贪食症。厌食症患者限制食物摄入并且显著低于正常体重。贪食症患者会吃大量的食物，然后进行引吐或导泻来避免增加体重。两种障碍都和严重的医学问题和精神障碍如抑郁症有关。

人格障碍

这类障碍是指当长期的人格特质或惯常的思维方式、生活方式或与人相处的方式引起明显的困难和痛苦。一些导致严重问题的人格特质，比如：冲动和做事疏于计划，或行动前缺乏思考；回避问题或与人发生矛盾的情形；或反社会、控制欲强、消极、攻击、以自我为中心、完美主义或依赖他人。

双重或共病障碍

许多人既有精神障碍，又有物质使用障碍。精神疾病可以增加物质使用或成瘾的风险。同时，物质使用或成瘾也能增加精神疾病的风险。酒精和药物能使你的精神症状恶化或导致新症状。一些人因为滥用可卡因、大麻或酒精而出现抑郁、躁狂、精神病性症状、暴力或自杀倾向而被送去精神病院。

精神障碍的原因

许多生物、心理和环境因素会导致某个特定的个体发生精神障碍。

生物因素

正如糖尿病、高血压或其他医学问题出现在家族中一样，精神障碍也是如此。科学家们相信精神障碍有遗传的倾向。人脑里面可能有某种化学物质使一个人患病风险增加。他或她可能因化学物质不同于常人，这种生物学上的差异表现在不同的人格、行为以及你获得信息、解决问题、处理情绪的方式上。因此你患精神障碍不是你的错，但你有责任采取措施来解决它并获取你需要的帮助。

心理因素

你如何思考，你的人格以及你如何处理问题或管理压力，都会对你的精神障碍产生影响。一些人对压力、负面情绪或错误的想法缺乏处理能力，或更敏感。有些人有更强烈的需求来冒险体验兴奋。这种获取兴奋的方式可导致问题，因为一般规则被破坏了，并且承担了会产生严重后果的风险。

社会文化因素

家庭、社会或环境因素对精神疾病都有影响。例如，一个父母言行不一致、不可预测，或是追求完美、要求太多的混乱家庭。在一个父母患有精神疾病的家庭中成长，能增加你患病的风险。

精神障碍的影响

精神疾病的影响依赖于不同的疾病类型，如症状的严重程度，你是否患有一种或多种障碍，或者是否同时存在物质使用障碍，以及你的性格。精神障碍可以导致你的躯体问题更严重，人际关系、在学校和工作中胜任的能力以及自尊都会产生问题。它们能导致自杀意念和行为，这些障碍也为家庭带来负担。

家庭作业

✎ 完成精神症状自我评估表

精神症状自我评估表

以下是最常见的精神症状列表。如果你最近经历过这样的症状或你因为以前经历过而注意过它，则在旁边打钩。

情绪症状

- ☐ 难以消除的抑郁或悲伤
- ☐ 在生活中很少感觉快乐
- ☐ 感觉无望或无助
- ☐ 精力不足或动机不强（难以付诸行动）
- ☐ 胃口差（吃得太多或太少）
- ☐ 睡眠差（难以入眠，睡眠过少或过多）
- ☐ 难以集中注意力或解决问题
- ☐ 躁狂（情绪高涨）

☐ 情绪不稳（在抑郁和兴奋间不停地来回转换）
☐ 难以控制的思维奔逸（难以维持同一话题）
☐ 同时参加了很多活动
☐ 很少睡眠，或整天都不需要睡眠
☐ 疯狂购物，乱花钱
☐ 危险行为（吸毒、开车超速、滥交）
☐ 自杀想法、计划或未遂

焦虑症状

☐ 严重焦虑或担心
☐ 回避会产生焦虑的情景
☐ 惊恐发作（心跳加快、害怕、担心失控或者死亡）
☐ 强烈恐惧或害怕（离开家、乘飞机、密闭空间、高处、动物）
☐ 记性差，关于身体或性虐待的感觉或闯入性想法
☐ 强迫观念（重复出现闯入你大脑的想法）
☐ 冲动（重复一些动作，比如检查、数数或洗东西）

精神症状

☐ 不寻常的经历（听到、看到、闻到或感觉到别人没有的体验）
☐ 不寻常的信念或妄想（感觉自己与众不同、被别人监视、偏执）
☐ 思维困难（感觉困惑，难以集中思想，或有奇怪的思想）
☐ 行为改变（停止进食，行为怪异）
☐ 情绪改变（反应奇怪或平淡，或情绪不稳）
☐ 阴性症状（动机不足，社会退缩，思维减少）

饮食症状

☐ 吃饭后自己引吐
☐ 过分节食
☐ 因害怕长胖或体重增加而吃得很少
☐ 持续担心体重增加或者体形不理想
☐ 频繁使用利尿剂或灌肠

注意缺陷症状

☐ 难以集中精力倾听和做事（在家、学校或工作）
☐ 难以完成长期任务
☐ 不能井然有序（在家、工作或在学校）

☐ 感觉紧张，坐立不安，接近崩溃，就像“马达”不停地在转

☐ 难以长时间静坐

☐ 就算做些小事也容易感觉受挫

☐ 做事不考虑结果，行为冲动

行为症状和关系问题

☐ 自残（割伤或烧灼自己，过量服用药物等）

☐ 脾气恶劣

☐ 欺负、威胁、恐吓他人

☐ 使用武器伤害或威胁他人（拍子、砖头、刀、玻璃、枪）

☐ 暴力行为（打、敲、推、捶、踢）

☐ 与配偶、父母或其他家庭成员的关系紧张

☐ 存在严重的人际关系问题

☐ 撒谎，欺骗他人

☐ 工作中的问题（旷工，迟到，被解雇，找不到或不能维持一份工作）

☐ 学习中的问题（留级，成绩差，不做作业，退学）

☐ 违法问题（被捕，坐牢，缓刑或假释）

其他症状（写下来）

____

____

1. 在下面列举你的精神症状，如果你不知道你的诊断，问你的医生或者治疗师

____

____

2. 描述你的生活是如何被你的精神症状所影响的

____

____

3. 描述从你的精神症状治疗中，你希望得到什么

____

____

附录

有益的资源

有很多资料是关于物质滥用障碍及其治疗康复的，包括为临床医生和患者所准备的各种研究资料及信息（专业书、治疗手册、康复指导、工作表、录音带、录像带等），还包括各互助组织，如AA、NA及DRA。治疗手册或专业书可以从CAST、NIAAA、NIDA、海瑟基金会、牛津大学出版社免费获取。

除了下列网站，还可以从网上书店或康复方面的出版商获取信息。也可以在网上进行与成瘾有关的关键词搜索，如：酒精滥用（alcohol abuse）、酒精成瘾（alcohol addiction）、酒依赖（alcohol dependence）或酗酒（alcoholism）、药物滥用（drug abuse）、药物成瘾（drug addiction）、药物依赖（drug dependency）、家庭与成瘾（families and addiction）、成瘾康复（recovery from addiction）。也可以搜索与成瘾治疗康复有关的某种特殊物质的名称、人物或组织名称。

Alcoholics Anonymous	www. aa. org
Al-Anon Family Groups	www. al-anon. org
Center for Substance Abuse Treatment（CSAT）	www. csat. samhsa. gov
Dennis C. Daley，PhD	www. drdennisdaley. com
Dual Recovery Anonymous（DRA）	www. dualrecovery. org

…………

……

参考书目及建议读物

Information in this workbook comes from a variety of sources, including books, articles, and studies on treatment of substance use disorders, reports by the U.S. Government, books and workbooks for individuals in recovery from substance use disorders, and our extensive clinical experience over the past 30 years working with thousand of individuals with all types of alcohol and drug problems.

An asterisk (*) denotes readings for individuals in recovery.

Alcoholics Anonymous ("Big Book") (4th ed). (2001). New York: AA World Services.*

American Psychiatric Association (2000). *Diagnostic and statistical manual of mental disorders* (DSM-IV-TR) (4th ed.). Washington, DC: Author.

American Society of Addiction Medicine (2002). *ASAM patient placement criteria for the treatment of substance-related disorders* (2nd ed.). Chevy Chase, MD: Author.

American Society of Addiction Medicine (2003). *Principles of addiction medicine* (3rd ed.). Chevy Chase, MD: Author.

Carroll, K.M. (1996). Relapse prevention as a psychosocial treatment: A review of controlled clinical trials. *Experimental and Clinical Psychopharmacology*, 4(1), 46–54.

Center for Substance Abuse Treatment (1999, December). *Treatment succeeds in fighting crime.* Rockville, MD: Author.

Center for Substance Abuse Treatment (2000, April). *Substance abuse treatment: Reduces family dysfunction, improves productivity.* Rockville, MD: Author.

Center for Substance Abuse Treatment (2000, May). *Treatment cuts medical costs.* Rockville, MD: Author.

Cloninger, C. R. (2005). Genetics of substance abuse. In M. Galanter & H. D. Kleber (Eds.), *Textbook of substance abuse treatment* (3rd ed., pp. 73–80). Washington, DC: American Psychiatric Publishing.

Daley, D. C. (2003). *Dual diagnosis workbook: Recovery strategies for substance use and mental health disorder* (3rd ed.). Independence, MO: Independence Press.*

Daley, D. C. (2004). *Relapse prevention workbook* (4th ed.). Apollo, PA: Daley Publications.*

Daley, D. C. (2004). *Surviving addiction workbook* (3rd ed.). Apollo, PA: Daley Publications.*

Daley, D. C. (2005). *Managing emotions: Recovery from mental health or substance use disorders.* Apollo, PA: Daley Publications.*

Daley, D. C. (2005). *Sobriety journal: Your plan for recovery in year 01.* Apollo, PA: Daley Publications.*

Daley, D. C., & Folit, R. (2006). *LifeJournal for Staying Sober and Preventing Relapse.* Retrieved March 21, 2006, from http://www.stayingsober.lifejournal.com*

Daley, D. C., & Marlatt, G. A. (2006). Relapse prevention. In J. H. Lowinson, P. Ruiz, R. B. Millman, & J. G. Langrod (Eds.), *Substance abuse: A comprehensive textbook* (4th ed., pp. 772–785). Philadelphia : Lippincott Williams & Wilkins.

Daley, D. C., & Miller, J. (2001). *Addiction in your family: Helping yourself and your loved ones.* Holmes Beach, FL: Learning Publications.*

Daley, D. C., & Moss, H. B. (2002). *Dual disorders: Counseling clients with chemical dependency and mental illness* (3rd ed.). Center City, MN: Hazelden.

Galanter, M., & Kleber, H. D. (Eds.). (2004). *Textbook of substance abuse treatment* (3rd ed.). Washington, DC: American Psychiatric Press.

Hester, R. K., & Miller, W. R. (Eds.). (2002). *Handbook of alcoholism treatment approaches: Effective alternatives* (3rd ed.). Boston: Allyn and Bacon.

Lin, S. W., & Anthenelli, R. M. (2006). Genetic factors in the risk for substance use disorders. In J. H. Lowinson, P. Ruiz, R. B. Millman, & J. G. Langrod (Eds.), *Substance abuse: A comprehensive textbook* (4th ed., pp. 33–47). Philadelphia: Lippincott Williams & Wilkins.

Lowinson, J. H., Ruiz, P., Millman, R. B., & Langrod, J. G. (Eds.) (2006). *Substance abuse: A comprehensive textbook* (4th ed.). Philadelphia: Lippincott

Williams & Wilkins.

Marlatt, G. A., & Donovan, D. M. (Eds.) (2005). *Relapse prevention: Maintenance strategies in the treatment of addictive behaviors* (2nd ed.). New York: Guilford Press.

McLellan, A. T., Lewis, D. C., O'Brien, C. P., & Kleber, H. D. (2000). Drug dependence, a chronic medical illness: Implications for treatment, insurance, and outcomes evaluation. *JAMA, 284*(13), 1689–1695.

Monti, P. M., Kadden, R. M., Rohsenow, D. J., Cooney, N. L., & Abrams, D. B. (2002). *Treatment of alcohol dependence* (2nd ed.). New York: Guilford Press.

Narcotics Anonymous ("Basic Text") (1998). Van Nuys, CA: NA World Services.*

National Institute on Alcohol Abuse and Alcoholism (1999). Update on approaches to alcoholism treatment. *Alcohol Research and Health, 23*(2).

National Institute on Alcohol Abuse and Alcoholism (2000). *Alcohol and health: 10th special report to Congress.* Rockville, MD: U.S. Department of Health & Human Services.

National Institute on Drug Abuse (1999). *Principles of addiction treatment: A research-based guide* (NIH Publication No. 99-4180). Rockville, MD: Author.

National Institute on Drug Abuse (2000). *Approaches to drug abuse treatment* (NIH Publication No. 00-4151). Rockville, MD: Author.

Nowinski, J., & Baker, S. (1998). *The twelve-step facilitation handbook: A systematic approach to early recovery from alcoholism and addiction.* San Francisco: Jossey-Bass Publishers.

O'Farrell, T. J., & Fals-Stewart, W. (1999). Treatment models and methods: Family models. In B. S. McCrady & E. E. Epstein (Eds.), *Addictions: A comprehensive guidebook* (pp. 287–305). New York: Oxford University Press.

Pani, P. P., Maremmani, I., Pirastu, R., Tagliamonte, A., & Luigi Gessa, G. (2000). Buprenorphine: A controlled clinical trial in the treatment of opioid dependence. *Drug and Alcohol Dependence, 60,* 39–50.

Prochaska, J. O., Norcross, J. C., & DiClemente, C. C. (1994). *Changing for good.* New York: William Morrow.

Project MATCH (1998). Matching alcoholism treatments to client heterogeneity: Project MATCH three-year drinking outcomes. *Alcoholism: Clinical and Experimental Research, 22*(6), 1300–1311.

Robins, L. N., & Regier, D. A. (Eds.) (1991). *Psychiatric disorders in America: The epidemiologic catchment area study.* New York: The Free Press.

Schuckit, M. A. (2000). *Drug and alcohol abuse: A clinical guide to diagnosis and treatment* (5th ed.). New York: Plenum.

Volkow, N. D., & Fowler, J. S. (2000). Addiction, a disease of compulsion and drive: Involvement of the orbitofrontal cortex. *Cerebral Cortex, 10*(3), 318–325.

J.G. Langrod (Eds.), *Substance Abuse: A Comprehensive Textbook,* 4th ed. Philadelphia: Lippincott Williams & and Wilkins, pp. 564–578.

Verinis, J.S., & Taylor, J. (1994). Increasing alcoholic patients' aftercare attendance. *International Journal of the Addictions, 29* (11), 1487–1494.

Vocci, F.J., Acri, J., & Eklashef, A. (2005). Medication development for addictive disorders: the state of the science. *American Journal of Psychiatry, 162*(8), 1432–1430.

Volkow, N.D., & Fowler, J.S. (2000). Addiction, a disease of compulsion and drive: involvement of the orbitofrontal cortex. *Cerebral Cortex, 10,* 318–325.

Weiss, R.D., & Daley, D.C. (2003). *Understanding Personality Problems and Addiction,* 2nd ed. Center City, MN: Hazelden.

Weissman, M., Markowitz, J.C., & Klerman, G.L. (2000). *Comprehensive Guide to Interpersonal Therapy.* New York: Basic Books.

Westermeyer, J.J., Weiss, R.D., & Ziedonis, D.M. (Eds.). (2003). *Integrated Treatment for Mood and Substance Use Disorders.* Baltimore: Johns Hopkins University Press.

White, B.F., & MacDougall, J.A. (2001). *A Clinician's Guide to Spirituality.* New York: McGraw-Hill.

Wise, R.A. (1998). Drug-activation of brain reward pathways. *Drug and Alcohol Dependence, 51,* 13–22.

Witkiewitz, K., & Marlatt, G.A. (2004). Relapse prevention for alcohol and drug problems: that was Zen, this is Tao. *American Psychologist, 59*(4), 224–235.

Witkiewitz, K., Marlatt, G.A., & Walker, D.D. (2005). Mindfulness-based relapse prevention for alcohol use disorders: the meditative tortoise wins the race. *Journal of Cognitive Psychotherapy, 19,* 221–228.

Ziedonis, D.M., & Trudeau, K. (1997). Motivation to quit using substances among individuals with schizophrenia: implications for a motivation-based treatment. *Schizophrenia Bulletin, 23*(2), 229–238.

Zuckoff, A., & Daley, D.C. (2001). Engagement and adherence issues in treating persons with non-psychosis dual disorders. *Psychiatric Rehabilitation Skills, 5* (1), 131–162.

